지구 대재난과
의통醫統의 시대

의식상승시리즈 8

지구 대재난과 의통醫統의 시대

빛의생명나무

• 차 례 •

　　머리말　　　　　　　　　　　　　　　　　　08

1부. 지구 대재난과 차원상승

　　지구 대재난의 양상　　　　　　　　　　　　12

　　지구 행성의 리모델링 : 지축 이동　　　　　　16

　　인간이 죽으면 금성으로 가는 이유　　　　　　22

　　안전지대(역장)가 설치되는 원리　　　　　　　28

　　아보날의 수여　　　　　　　　　　　　　　　34

　　우주 창조 원리 144,000　　　　　　　　　　39

　　관세음의 세계라　　　　　　　　　　　　　　45

　　예수님과 석가모니 부처님의 우주적 신분　　　49

　　유불선의 통합이 갖는 의미　　　　　　　　　54

　　선천의 역(易)의 변화　　　　　　　　　　　　61

　　후천의 역(易)의 변화　　　　　　　　　　　　64

　　지구 행성의 미래　　　　　　　　　　　　　　66

2부. 의통의 시대를 열다

의통과 일만 이천 도통군자의 시대를 열며   72

경락 차크라 치유의 우주적 원리   81

경락시스템의 구성 원리   88

경락의 모양과 세부 구조도 Ⅰ   92

경락의 모양과 세부 구조도 Ⅱ : 표리와 상통의 경락 모형도   95

바이러스의 실체 : 의식을 가진 생명체   97

불치병과 난치병이 치유되는 원리   104

경락 차크라 치유의 특징   110

소주천과 연정화기   115

대주천과 양신 : 진인의 탄생   124

색즉시공 공즉시색 : 생명의 순환 시스템   128

호모 사피엔스의 생명회로도 Ⅰ : 경락 편   132

호모 사피엔스의 생명회로도 Ⅱ : 에너지 편   137

호모 사피엔스의 생명회로도 Ⅲ : 시스템 편   142

3부. 무궁화꽃이 피었습니다

한민족이 세계의 중심이 될 수밖에 없는 이유   150

한반도가 세계의 중심이 될 수밖에 없는 이유   158

한민족을 위한 메시지   164

장미꽃이 피었습니다   169

무궁화꽃이 피었습니다   177

천부경 해설 : 우주의 생명 창조의 원리와 후천 개벽   184

천부경의 비밀   191

4부. 잃어버린 하늘을 찾아서

잃어버린 하늘을 찾아서   200

지구 행성에 설치된 어둠(물질)의 매트릭스 특징   207

지구 행성에 설치된 종교 매트릭스 분석 : 전편   216

지구 행성에 설치된 종교(정의) 매트릭스 분석 : 후편   223

정의의 함정에 빠진 인류에게   231

아마겟돈의 양상 Ⅰ : 어둠의 정부의 역할   238

아마겟돈의 양상 Ⅱ : 영적 능력의 회수   247

아마겟돈의 양상 Ⅲ : 인류의 운명   254

아마겟돈의 양상 Ⅳ : 척신난동의 시대가 시작되었습니다   257

진실은 불편한 것입니다   263

진리가 너희를 자유케 하리라가 갖는 의미   272

5부. 빛의 일꾼들의 슬픈 운명

우주의 카르마와 우주의 십자가	282
빛의 일꾼과 신들의 귀환	288
빛의 일꾼은 지상에서 만들어집니다	293
자신의 영적 진화를 걸고 하는 치열한 삶의 프로그램	298
진실의 무게	303
죽고 싶어도 죽을 수도 없어요	308
가시밭길과 참마음	312
인간에 대한 예의	321
빛의 일꾼과 차원의 벽	329

• 머리말 •

그날이 오면
마지막 때가 오면
대재난의 때가 오면
선천의 시대가 가고
후천개벽의 시대가 오면
환란의 때가 되면
백성들을 구할 일만 이천 명의 도통군자가
출현한다는 믿음들이 있습니다.

일만 이천 도통군자란
지구 차원상승의 때에 출현한다는
개벽의 때에 출현한다는 하늘의 일꾼들을 의미하며
빛의 일꾼들을 의미하며 하늘 사람들을 의미합니다.

대재난과 함께
지축 이동과 함께
물질문명이 붕괴되어 폐허가 된 이후에
인류의 면역력에 이상이 생기고
수많은 인류가 괴질과 바이러스 난 앞에
속수무책으로 손쓸 수 있는 시간조차 없을 때에
하늘이 준비한 하늘의 일꾼들이 인류 앞에 드러날 것입니다.

하늘이 맺은 것은 하늘만이 풀 수 있습니다.
하늘이 준비한 천재입니다.
하늘이 준비한 지축 이동입니다.
하늘이 무너져 내리고 땅이 무너져 내리는 충격일 것입니다.
하늘이 준비한 재난이기에
인간의 방법이 아닌
하늘의 방법으로 해결할 수밖에 없는 것입니다.

이것이 한반도에 일만 이천 도통 군자가 출현하는 이유이며
전 세계에 144,000명의 빛의 일꾼들이 출현하는 이유입니다.

우데카 팀장과 빛의 생명나무에서는
재난의 시대를 준비하고 괴질과 바이러스 난을 대비하기 위해
차크라를 열어 신통의 시대를 준비하고 있으며
경락 차크라 치유를 통해 의통의 시대를 열 것입니다.

빛의 일꾼들은 보이지 않는 세계의 원리들을
누구보다도 잘 알고 있어야 하며
하늘의 실체를 알아야 하며
하늘이 일하는 방식을 알아야 합니다.
우주에는 공짜가 없습니다.
노력 없이 갈 수 없는 길이며
내 모든 것을 걸고 가야 하는 길이며
한 치 앞도 볼 수 없는 절망의 상황 속에서도
하늘을 믿고 가야 하는 힘든 가시밭길입니다.

하늘 일에는 공짜가 없으며
하늘 일에는 아무것도 잘못되는 것은 없습니다.
시절인연대로
영혼의 프로그램대로
하늘의 계획대로
하늘은 하늘 스스로 정한 길을 갈 뿐입니다.

일만 이천 도통군자들인
빛의 일꾼들의 건승을 빕니다.

2017년 1월
우데카

1부 지구 대재난과 차원상승

지구 행성은 우주에서 가장 빛나는 보석 행성이 될 예정입니다.
대우주의 차원상승을 앞두고 새로운 주기가 펼쳐지기 전
실험학교 연구학교의 개념으로 대우주에서 단 하나의 행성이 선정되며
그 행성은 창조근원이 주관하는 종자행성이 됩니다.
대우주에서 가장 밝은 별은 창조근원이 주관하는 종자행성이 되는 것입니다.
이것이 지구 행성이 갖는 특별함이며, 우주에서 귀하고 귀한 행성이 되는 이유입니다.

지구 대재난의 양상

우연히 일어나는 지진이 아닙니다.
우연히 일어나는 재난이 아닙니다.
지구 행성의 차원상승을 위해
지구 행성의 물질문명을 종결하기 위해
지구 행성의 새로운 정신문명을 건설하기 위해
새 하늘과 새 땅을 열기 위해
하늘이 준비한 재난이며
하늘이 치밀한 계획 속에 펼쳐지는 대재난입니다.

계몽 운동을 하듯 인류의 의식을 모두 깨워
모두가 함께 가는 길이 아닙니다.
모두 함께 가는 길이 사랑이 아니라
영혼마다 자신의 갈 길을 가게 하는 것이
하늘의 사랑이며
대우주의 사랑인 것입니다.

하늘이 일하는 방식은 다음과 같습니다.
이와 같은 방법으로
새로운 지구 위에서 살아가야 될 인자들만이
대재난을 통과하면서 의식이 깨어나게 될 것입니다.
아무도 모르게 아무도 모르게
우연을 가장한 필연으로 다가올 것이며
필연처럼 보이는 우연으로 다가올 것입니다.
살 사람은 반드시 살 곳으로 갈 것이며
죽을 사람은 반드시 죽을 곳으로 갈 것입니다.

지구 행성 위에서 대재난 후에 살아남아서
새 하늘과 새 땅에서 살아갈 인자들은
전 세계적으로 5억을 넘지 않을 것입니다.
지진과 화산 폭발
대륙의 침몰과 융기로 인한 해일
지축 이동으로 인한 대지진과 쓰나미
면역체계 이상으로 인한 괴질(怪疾)과 바이러스 난❖
이 모든 것들이 지구 행성에서 그 때가 되면
봇물 터지듯 일어나게 될 것입니다.
하늘이 준비한 재난이며
지구의 차원상승을 위한 로드맵이며
반드시 통과해야 하는 지구 행성의 슬픈 운명입니다.
피할 수도 없으며 멈출 수도 없는
대우주의 수레바퀴가 돌아가고 있는 것입니다.

> ❖ 괴질(怪疾)과 바이러스 난
> 현대 의학으로 치료할 수 없는 바이러스가 창궐하여 인류가 상상할 수 없는 고통을 겪게 되고, 죽게 되는 상황

물질문명이 발달한 서양에서는
지진과 해일로 인한 파괴로 인해
물질문명들이 모두 붕괴될 것입니다.
정신문명이 발달한 동양에서는
괴질과 바이러스 난으로 인한 피해가
막심할 것입니다.
지축 이동과 함께
지구 행성의 물질문명은 폐허가 될 것입니다.

지축 이동 과정에 바이러스 난이
한반도를 시작으로
전 세계에 급속도로 퍼지게 될 것이며
이것을 기존의 의학적
패러다임 안에서는 해결할 수 없을 것입니다.

지축 이동과 함께
지구 행성은 모든 것이 뒤바뀔 것이며
물질문명은 붕괴되지만
새로운 의식에 눈을 뜨게 될 것입니다.
모든 종교와 모든 예언서와 모든 비결서에서
말하는 그때가 하늘에 의해
아무도 모르게
아무도 모르게 준비되어 있습니다.

새로운 에너지의 유입에 따라
광자대의 영향으로 인해
가이아 게(Ge) 에너지의 활성화에 따라
지구 행성의 변화는 일단 변화가 시작되면
도미노가 무너지듯 속전속결 동시다발로
물질문명들이 속수무책으로 무너져 내릴 것입니다.

지축 이동 전
자연환경의 유의미한 변화와 함께
인류들을 대상으로 한 아마겟돈이
모든 분야에서 펼쳐질 것입니다.
전 분야에서 아마겟돈을 거치는 동안
하늘은 하늘이 일하는 방식에 의해
살 사람은 하늘은 반드시 살릴 것이며
죽을 사람은 하늘은 반드시 죽게 할 것입니다.
시치미를 뚝 떼고 하늘은
우연을 가장한 필연으로
각자에게 주어지는
내면의 느낌과 소리 등을 이용하여
겉으로는 하늘이 심판하는 것처럼 보이지만

실질적으로는 인류 스스로 갇혀 있는
온갖 매트릭스 속에서
인류의 자유의지 선택에 의해
삶과 죽음들이 구분되어질 것입니다.

인명(人命)은 재천(在天)이라
하늘의 사랑은 모두를 다 살리는 것이 아닙니다.
각자 영혼의 여행에 맞는
각자의 길을 가게 하는 것
이것이 하늘의 사랑이며
대우주의 법칙이며 사랑임을
우데카 팀장이 전합니다.

재난의 한가운데에 지축 이동이 있으며
괴질과 바이러스난이 있습니다.
하늘이 무너져도
솟아날 구멍이 있다고 하였습니다.
그 희망의 한가운데에 빛의 일꾼들이 있으며
경락 차크라 치유가 있으며 의통이 있습니다.

하늘에 인연이 있는 인자들을 위해
의식이 깨어나고 있는 빛의 일꾼들을 위해
이글을 우데카 팀장이 기록으로 남깁니다.

그렇게 될 것이며
그렇게 예정되어 있으며
그렇게 되었습니다.

지구 행성의 리모델링 : 지축 이동

새 하늘과 새 땅을 여는 것은
새로운 정신문명을 여는 것은
종교인들이 뜻을 모아 하늘에 기도를 한다고
되는 것이 아닙니다.
대중들이 광장에 모여 구호를 외친다고
되는 것이 아닙니다.

땅에서 일어나는 모든 것은
보이지 않는 하늘에서 이미 결정이 났기에
펼쳐질 수 있는 것입니다.
땅에서 인간이 할 수 있는 것이 있고
하늘만이 할 수 있는 영역도 있습니다.
우연을 가장하여
인간의 자유의지를 가장한 것처럼 보이지만
보이는 세계에서 펼쳐지는 것은
보이지 않는 하늘에서의 계획이 있기에
땅에서 펼쳐지는 것입니다.

땅에서의 격변과 같은 변화들은
하늘이 준비하고 계획하지 않으면
일어날 수가 없는 것입니다.
지구 행성의 차원상승을 위하여
후천개벽(後天開闢)의 시대를 열기 위하여
용화세계(龍華世界)❖를 열기 위하여
만인성불(萬人成佛)의 시대를 열기 위하여

용화세계(龍華世界)
미래의 부처인 미륵불에 의해 정신문명을 꽃피우는 새로운 세상

새로운 지구 행성의 리모델링을 위한
하늘의 계획이 있는데 이것을
우리 조상들은 지축의 이동이라 하였습니다.
세계의 예언서들에도 지축 이동이
언급되어 있습니다.

예언서나 비결서에 나와 있는 지축 이동이
성경이나 종교 경전들에
비유적으로 표현되어 있습니다.
세상의 마지막 장면처럼 묘사되어 있는
아마겟돈의 모습 역시 인류가 한 번도 경험하지 못한
지축 이동을 암시하고 있습니다.

빛의 생명나무 회원들과 우데카 팀장은
하늘과의 소통 속에서
수많은 거짓 채널 속에서
타임라인에 관련된 수많은 거짓 채널 속에서
속고 속으면서 3년간 재난을 준비하였으며
괴질과 바이러스 난을 준비하고
지축 이동 후 인류의 운명을 결정지을
안전지대(역장)의 설치와 운영을 위한
준비 작업들을 수많은 비난을 감수하며
지속적으로 해왔습니다.

하늘이 우리 편이 아니라는 생각이 들 때마다
회원들은 낙엽이 지듯 떠나갔으며
일반인들보다 더 많은 비난을 하며 떠나갔습니다.
그럴 때마다
하늘에 대한 믿음 하나로 버텨 왔으며

핸드폰 요금 낼 돈이 없어도
동료들 간에 십시일반 정신으로 견디어 왔습니다.
사이비 종교에 빠진 사람들이라는 비난은
늘 들어야 했으며
가족조차도 설득하기 어려웠습니다.
하늘과의 소통은 그러면서도
한 번도 끊어지지 않았으며
빛의 일꾼들의 슬픈 운명을 몸소 체험하는데
아프고 아픈 시간들이 있었습니다.
99번은
세상의 눈높이를 가진 사람들에게 패배하겠지만
마지막 1번은 꼭 이기게 될 것이라는
빛의 일꾼들의 슬픈 운명을 따라
여기까지 왔습니다.
하늘의 분별력 시험들을 수험생이 시험을 치르듯
견디어 내고 또 견디어 내었습니다.

하늘이 새로운 하늘과 새로운 땅을 위해 준비한
지구 행성의 리모델링의 과정이
지축 이동이라는 것을
지금 인류의 의식 수준에서는 믿지 않는 것이
어쩌면 당연한 것입니다.
지축 이동이든
지구의 차원상승이든
개벽이든
인간의 눈높이에서는
현실에서 일어나지 않는 한
아무도 믿지 않는 것이 어쩌면
당연한 것입니다.

지구 행성의 리모델링 공사의 내용에 대해
우데카 팀장이 인류에게 다음과 같이 알려 드립니다.

～다　음～

- 프로젝트명 : 지구의 차원상승
- 공　사　명 : 지축 이동
- 공 사 기 간 : 7회에 걸친 지축 이동
　　　　　　　3개월을 넘지 않음
- 공 사 범 위 : 한반도에서부터 시작하여
　　　　　　　전 세계적으로 확대되어 나타남

- 공사 내용
  - 동양은 대형 지진과 함께 오는
    바이러스 난으로 인하여 많은 피해가 예상됨
  - 서양은 대형 지진에 따른
    물질문명의 파괴와 대형 쓰나미
    대륙의 침몰과 대형 화산 폭발이 예상됨

- 공사의 성격
  전 지구적으로 속전속결 동시다발

- 공사의 방법
  하늘은
  살릴 사람은 반드시 살리고
  죽을 사람은 반드시 죽게 함

- 공사의 목적
  - 지구의 차원상승과 새로운 정신문명 건설

- 하늘의 실체를 바로 알리고 인류의 의식을 깨워
  대우주의 전체의식으로 합류하는 것

- 공사 진행시 유의사항
  일반적으로 일어나는 지진이 아닙니다.
  자연적으로 일어나는 지진이 아닙니다.
  하늘이 준비한 재난입니다.
  미리 알고 대피하지 않으면
  많은 피해가 예상됩니다.
  지축 이동과 지축 이동 사이의 간격은
  열흘이 넘지 않을 것이며
  인류는
  3차 지축 이동 전에
  안전한 곳으로 대피해야만
  피해를 줄일 수 있으며
  3차와 4차 지축 이동은
  그 피해가 상상할 수 없을 정도로
  심각할 것입니다.

- 공사의 특징
  믿느냐 믿지 않느냐는
  오직 이 글을 읽는 개인의 자유의지입니다.
  아무도 믿음을 강요하지 않을 것이며
  설득을 하지도 않을 것이며
  믿으라고 하지도 않을 것입니다.
  자신의 믿음만큼
  자신의 의지만큼
  마음 가는 대로 하시면 되며
  모든 책임은 본인에게 있을 뿐입니다.

누구에게나 공정하게
하늘은 기회를 줄 것이며
지축 이동이 일어나기 전
알아채고 눈치챌 수 있는 시간들이
주어질 것입니다.
미리 알려 준다고 믿는 것이 아니라
어차피 징조를 보고
믿느냐 믿지 않느냐가 결정되는 것이니
누구에게나 공평하지 않겠습니까?

이 글을 읽게 되는 순간이 올 것이며
이 내용을 믿든 믿지 않든
그것은 오직 개인의 자유의지의 영역입니다.
참 아픈 세월이 시작되고 있습니다.
참 아프고 아픈 세월들이 인류 앞에 놓여 있습니다.
모든 종교에서 말하는 그때가
시작되었음을 전합니다.
생과 사의 결정들은
우연을 가장한 필연이며
개인의 자유의지의 영역으로 보이지만
결국은 인명은 재천이라는 것을
인류들은 곧 알게 될 것입니다.
하늘이 무너져도 솟아날 구멍은 있습니다.

인류들의 건승을 빕니다.

인간이 죽으면 금성으로 가는 이유

지구에 살고 있는 인류는
지구 차원상승 과정에서
육신의 옷을 벗고 떠나야 되는 사람과
새 하늘과 새 땅에서 살아가야 할 사람으로 구분되어
모두 제 갈 길을 가게 될 것입니다.
이 구분은 '착하게 살았는가, 악하게 살았는가'와는
아무 관계가 없습니다.
어떤 종교를 믿었는지와도
아무 관련이 없습니다.
신을 믿고
신을 믿지 않는 것과도
아무 관련이 없습니다.

삶을 살면서
자유의지의 남용으로 인한 카르마(죄)와
공적인 역할을 위해 지은 카르마(죄)들은
죽어서 지옥에서 받는 것이 아니라
지구 행성에서 당신의 삶 속에서
카르마의 균형을 맞추어가는 과정 속에
모든 것이 이루어졌으며
당신이 지금의 삶이 고달프고 힘들었던
이유가 여기에 있습니다.
지구 행성에서 인류들은 250만 년 동안
약 35번 정도의 삶을 살았으며
지구 프로젝트가 시작되기 전

250만 년 전에 큰 삶의 프로그램들이
자신의 영혼의 진화 과정에 맞추어
설계되고 기획되었습니다.
당신의 영혼의 동의를 얻어
당신의 영혼의 물질 체험을 통한
영혼의 여행이 이 지구 행성에서 시작되었습니다.
당신의 삶과 죽음의 큰 그림들은 이미
250만 년 전에 결정된 사항입니다.
이 기준은 다음과 같습니다.

영혼의 나이 기준으로 결정이 되어 있습니다.
영혼의 나이는 단전에 있는 단의 색으로 알 수 있으며
그 기준은 다음과 같습니다.

흰빛 영혼 : 태어난 지 얼마 되지 않은 영 그룹
 　　　　　유아원 정도로 비유
 　　　　　인구의 45% 정도

은빛 영혼 : 유치원에서 초등학교 저학년
 　　　　　인구의 30% 정도

핑크빛 영혼 : 초등학교 고학년
 　　　　　　주로 천상정부 소속 천사님들의 아바타
 　　　　　　인구의 10% 정도
 　　　　　　노란빛, 녹색빛 영혼들을 도와주는 역할

노란빛 영혼 : 우주에서 중학생 정도
 　　　　　　차원상승 대상자
 　　　　　　인구의 12% 정도

녹색빛 영혼 이상 : 하강하는 영혼
    태극의 세계에서 하강
    인구의 3% 정도
    빛의 일꾼들 144,000명
    (14차원 15단계 지휘)
    어둠의 일꾼 240,000명
    (18차원 15단계 지휘)

흰빛과 은빛과 핑크빛 영혼들은
지구라는 물질학교가 문을 닫게 되면
지구와 자연 환경이 75% 정도 비슷한
금성으로 가서
영혼의 진화를 위한
물질 체험을 계속하게 될 예정입니다.
지구가 수행해온 4차원 물질학교의 기능을
지구 태양계 내에서 금성이
그 역할을 이어가게 되어 있습니다.

핑크빛 영혼들 또한
육신의 옷을 벗고 금성에서 살다가
우주의 차원상승 기회가 주어지면
그때 차원상승이 이루어질 예정입니다.
천상정부 소속 천사님들의 아바타로
빛의 일꾼들을 돕는 1억 2천만 명의 헤요카
어둠의 일꾼들을 돕는 1억 2천만 명의 데니카
그룹으로 구성되어 있으며
주로 빛의 일꾼들의 가족이나 지인
부모의 역할을 수행하고 있습니다.
노란빛 영혼 그룹들은

이번 지구 차원상승의 주인공들이며
지구에서 새로운 정신문명을 펼쳐나갈 예정입니다.
인구의 9% 정도는 지금의 육신을
가지고 새로운 지구에서 살아갈 것이며
인구의 3% 정도는
지구 차원상승 과정에서
육신의 옷을 벗고
지구의 영계에 편입되어 있다가
지구 행성의 차원상승 후에
지구에 살아남은 인류들의 자녀들로 태어나
영혼의 여행을 계속해 나갈 예정입니다.

녹색빛 영혼 그룹들은 빛의 일꾼들입니다.
하강하는 영혼 그룹들로서
지구 차원상승이 이루어지고 나면
자신이 온 고향별로 돌아갈 예정이며
소수의 관리자 그룹만이 지구에
조언자 그룹이나 원로 그룹으로 남아있을 것입니다.
어둠의 일꾼들은 대부분 육신의 옷을 벗고
떠날 예정입니다.

이것이 지구 차원상승 과정에서
발생하는 삶과 죽음의 경계입니다.
이것을 위한 하늘의 준비 작업은 모두 끝났습니다.
지구에서 살아갈 인자들을 위한
감로비✢가 2차례에 걸쳐 이미 내려 왔습니다.
빛의 일꾼들의 최종 상위자아 합일✢을 위한
모든 준비 절차가 끝났습니다.
살아남을 인자들을 위한

감로비
하늘이 내려준 감로수(甘露水).
감로수는 한 방울만 마셔도 모든 괴로움이 사라지고 영생불사(永生不死)하는 신령스런 액체로 비유됨. 여기서는 인연 있는 자들을 깨우고 산 자와 죽은 자를 구별하기 위하여 하늘에서 비처럼 내려주는 창조주의 빛을 의미함

최종 상위자아 합일
자신의 상위자아 중에서 가장 고차원에 있는 존재와 에너지적으로 온전하게 결합이 되는 것.
상위자아 합일은 역사상 중요인물, 정보전달자 등 주어진 임무와 역할을 수행하기 위해 필요한 경우에만 일어나는 일이며, 빛의 일꾼들은 물질문명 종결과정에서의 역할과 임무를 위해서 최종 상위자아 합일이 필요함

몸의 에너지 조정 작업들이 이루어지고 있으며
몸의 진동수를 높이기 위한
차크라의 열림이
자신의 타임라인에 따라
하늘에 의해
순차적으로 이루어지고 있습니다.

보이는 세계는 모두
보이지 않는 세계에서의 계획이 있어야
땅에서의 펼쳐짐이 있는 것입니다.
지구 프로젝트가 시행되기 250만 년 전에
이 모든 계획이 수립되어 있었습니다.
이곳 지구에서의 삶은
영혼들의 성장을 위한 배움의 공간이며
영혼들의 물질 체험을 위한
우주학교로서의 기능을 충실히 수행한 것입니다.
모두들 수고하셨습니다.

영혼마다 서로 각자가 가야할 길이 다릅니다.
가족 중에서도
부부 중에도
서로의 영혼의 갈 길이 다 다릅니다.
이것이 우주의 법칙입니다.
얼마 남지 않은 폭풍전야의 시기가 지나고
지축 정립을 위한 하늘과 땅의 움직임이
시작이 될 때에는
지금 무슨 일이 일어나는지
눈치챌 시간도 없을 것입니다.
서로 인사할 시간도 없을 것이며

서로 작별할 시간조차 없을 것입니다.
신발 한 짝 신을 시간조차 없이
모든 것은 전 세계적으로
동시다발 속전속결로
물질문명을 빠르게 종결시킬 것입니다.

지구 행성에서
그동안 고생 많으셨습니다.
지구에서 못다 한 삶은
지구와 환경이 비슷한 금성에서
아무것도 모르는 채
모든 기억이 봉인된 채
눈에 보이는 것이 전부로 알고
물질 체험을 통한 영혼의 여행을
지구에서 다 하지 못한 삶을 원 없이
살게 될 것입니다.
지구에서 남은 마지막 순간들을
행복하게 잘 보내시기 바랍니다.

그렇게 될 것이며
그렇게 예정되어 있으며
그렇게 되었습니다.

안전지대(역장)가 설치되는 원리

하늘이 무너져도 솟아날 구멍은 있습니다.
하늘은 벼락과 천둥으로 말한다는
옛말이 있습니다.
하늘의 서릿발 같은 지엄함을 표현하는 말입니다.

하늘은 두렵고 무서운 존재가 아니라
하늘은
하늘이 일하는 방식으로
대우주를 운영하고 있을 뿐입니다.
대우주를 운영하고 있는 대원칙은 사랑입니다.
사랑이 없다면
사랑이 아니라면
대우주는 존재할 수 없기 때문입니다.

하늘의 입장에서 말하는 사랑은
냉정함과 열정이 균형감을 이룬 상태를
말하는 것입니다.
모든 사람을 조건 없이 살리는 것이 아니라
모든 사람이 자신에게 맞는
자신의 영혼의 여행에 맞는
자신의 영혼의 나이에 맞는
자신의 영혼의 진화 여정에 따라
각자가 가야 할 곳으로 가게 하는 것이
하늘에서 말하는 사랑입니다.
하늘은 사사로움이 없으며

인간의 에고의 눈높이에서 일하지 않으며
하늘은 하늘이 일하는 방식에 의하여
하늘 스스로 정한 대우주의 법칙에서
한 치의 오차 없이
공평무사하게
하늘의 일을 가슴을 닫고 집행할 뿐입니다.
하늘은 모든 영혼에게 성장할 수 있는
실질적 평등과 기회를 주는 것입니다.

한 행성의 문명을 종결하는
하늘의 계획이 집행될 예정입니다.
250만 년 동안 지구에 입식된
모든 영혼들에게 하늘은
지구에서 성장할 기회를 모두에게 주었습니다.
250만 년 동안 성장한 영혼들에 대한
성적표가 이미 나왔으며
땅에서 집행되는 절차가 시작될 것입니다.

하늘은 가슴을 닫고
대우주의 사랑을 집행할 것입니다.
대우주의 사랑이란
살릴 사람은 반드시 살릴 것이며
죽을 사람은 반드시 죽게 하는 것을 말합니다.
영혼의 물질 체험이 더 많이 필요한 영혼들은
육신의 옷을 벗고 지구와 환경이 비슷한
금성에서 새롭게 시작할 것입니다.
영혼의 물질 체험을 졸업한 노란빛 영혼들은
새 하늘과 새 땅인 새로운 지구에서
새로운 정신문명의 주인공이 되어

살아갈 예정입니다.

새 하늘과 새 땅을 여는 과정이 지축 이동이며
역장(안전지대)의 설치와 함께
이루어지는 아보날의 수여입니다.
지축 이동은 지구 행성의 물질문명을
빠르게 종결지을 것입니다.
7회에 걸쳐 일어나는 지축 이동이
지구 행성의 리모델링 과정입니다.
한번 지축 이동이 시작되면
속전속결 동시다발로
지구 행성의 물질문명은 도미노처럼
순식간에 무너져 내릴 것입니다.

무너져 내리는 건물과 함께
인류들은 살길을 찾아 산으로 들로
신발 한 짝 신을 시간도 없이 내몰릴 것입니다.
모든 것이 무너져 내릴 것입니다.
누구를 탓할 시간도 없을 것이며
누구를 원망할 시간도 없을 것이며
하늘을 원망하고
하늘을 두려워하고
하늘의 맨얼굴들을 보게 될 것입니다.

하늘이 무너져도 솟아날 구멍은 있습니다.
그 솟아날 구멍은
살아남은 인류를 위해
살아야 할 인류들을 위해
태고에 있었던 창조주의 신성한 언약이

땅에서 이루어지는 것입니다.
하늘이 준비한 것이 바로
안전지대(역장)의 설치입니다.

안전지대는 다음과 같은 원리에 의해
설치가 됩니다.
지축 이동 시 영향을 받지 않도록
하늘에서 에너지막이 내려와 그 지역을
보호하게 됩니다.
이것을 비결서에서는
백포장막(白布帳幕)이라 표현하였습니다.
강력한 에너지(자기장)의 막이 형성되어
지진이나 해일의 에너지를 흡수하거나
에너지로부터 그 지역을 보호하게 됩니다.

지축 이동 시
땅이 갈라지는 대규모 지진을 동반하게 됩니다.
땅 밑의 지층 구조를 잘 알고 있는 하늘이
시뮬레이션을 통하여
지축 이동과 같은 강력한 외부 충격에도
안전한 땅덩어리들이 있는 곳을 찾아서
하늘이 인연이 있는 인자들에게
안전지대라고 알려 주는 것입니다.
이곳에 수십만 명이 들어와 재난을 피할 수 있는
대형 역장들이 설치되는 것입니다.

대규모 안전지대인
대형 역장들은 이미 250만 년 전부터
계획되고 준비되었습니다.

하늘의 계획대로 지구 땅덩이들이
토지를 정비하듯
하늘에 의해 태고적부터 준비된 곳이
한반도에 14곳이 있습니다.
전 세계에 걸쳐 준비되어 있으며
그때가 되면 각 지역의 빛의 일꾼들에 의해
전 세계의 안전지대가 지축 이동과 함께
공개될 예정입니다.

대형 안전지대와 안전지대 사이에
소규모 안전지대들 또한
하늘에 의해 준비되어 있음을 전합니다.
이곳들은 재난을 잠시 피할 수 있는
임시 피난 장소가 될 것이며
임시 집결지들이 될 것입니다.
이곳에서 인류들은 100일 이상을 버틸 수 없으며
반드시 인근에 있는
하늘이 준비한
대형 역장으로 들어가야 살 수 있습니다.
소규모 안전지대에서는 100일 이상
보호 받지 못할 것이며
면역체계 이상으로 식량난으로
추위와 배고픔으로 죽게 될 것입니다.

강력한 자기장이 설치된 안전지대는
아무나 출입할 수 없으며
차크라의 개통을 통해
몸의 진동수가 높아진 인자가 아니라면
출입이 어려울 것입니다.

몸의 진동수를 높이는 작업 하나하나가
하늘에 의해 준비되고 있었으며
하늘에 의해
아무도 모르게 아무도 모르게
진행되어 왔습니다.
이것이 바로 인명은 재천이라
사람의 목숨은
하늘에 있다는 말이 갖는 의미입니다.

그렇게 될 것이며
그렇게 예정되어 있으며
그렇게 되었습니다.

아보날의 수여

행성의 문명을 종결할 때
창조주의 우주 통치를 뒷받침하는
우주의 특수 군인들이 있는데
이들을 아보날 그룹이라 하며
서양의 채널링 메시지에서는
몬조론손으로 알려져 있습니다.

행성의 물질문명이 붕괴되고 해체될 때
뒷정리를 하는 그룹입니다.
메타트론 그룹✤과의 협력 속에서
역장(안전지대)의 운영을 주도하게 됩니다.
역장 내에서 치안 판사의 업무와
교육과 의료 분야를 담당하고 있는 그룹입니다.
역장 책임자는 아보날 그룹의 수뇌부에서 임명되며
데이날 그룹과 멜기세덱 그룹의
지원과 협력을 받으며
인류의 의식을 교정하는 임무가 있습니다.

아보날 그룹은
역장의 운영과 관리 전반을 맡고 있습니다.
역장 안에서는
12지파별✤로 나누어 운영을 하게 될 것입니다.
역장 안에서 치안을 담당하며
역장 내에서 규칙과 규율을 선포하고
수호하는 역할이 있습니다.

메타트론(Metatron) 그룹
지구의 자기장, 스타게이트, 역장 등을 관리하는 천사 그룹

12지파
창조주로부터 분화된 대영그룹(12주영)과 그 하위 차원으로 분화된 영들의 12 그룹. 각 지파들이 가지는 에너지 파장과 특성을 영의 고유성이라 하며, 각 지파별로 상징 색과 상징 동물들이 있음. 앞으로 7주기 18차원 우주에서는 16차원 15주영을 중심으로 한 15지파로 확대되어 펼쳐지게 됨

법관의 역할이 있으며
역장 출입의 인허가를 결정하며
문제를 발생시킨 인류들을 교정하고
역장 밖으로 추방을 결정할 수 있는
막강한 권한을 가지고 있습니다.

아보날 그룹은
13차원에서 15차원의 고차원 존재들이며
창조근원의 에너지(18차원 18단계)를
가지고 있는 단지파입니다.
창조주의 명령만을 수행하는 특수 부대이며
최정예화된 우주 군인들입니다.
아보날 그룹에 의해 역장이 운영되고
역장 안에서 인류의 의식을 교정하는 역할들이
지구 행성에 준비되어 있는데
이것을 아보날의 수여라고 합니다.
7회에 걸친 지축 이동이 끝나고
3개월 정도가 지나고 나면
창조주의 의해 집행되는 아보날의 수여가
지구 행성에 집행될 예정입니다.
한반도를 시작으로 아보날의 수여가
전 세계적으로 이루어질 예정입니다.

서양은 한반도에 비해 아보날의 수여가
3개월에서 6개월 정도 늦게 진행될 예정이며
한반도에서 안정화된 역장을 운영하는
노하우들이 전 세계로 전파될 것입니다.
한반도에서 파견된 아보날 그룹들이
전 세계 역장의 운영과 관리 시스템을

단일 시스템으로 운영하게 될 것입니다.
전 세계가 단일한 법률체계 속에서
아보날의 수여를 통해
하나의 의식으로 전체의식으로
인류의 의식들이 깨어나게 될 것입니다.
한반도에서 설치된 역장 안에서
새롭게 개발되고 연구된
새로운 6차원 과학기술 문명의 고급 기술들이
전 세계적으로 빠르게
무상으로 보급될 것입니다.
18차원에 계신 열여덟 분의 창조주의 분신들이
전 세계적으로 아보날의 수여를
주관하실 예정입니다.

한반도를 중심으로 한 정신문명은
아보날의 수여를 통해
인류 역사에서 펼쳐졌던 사실과 진실들이
아카식 레코드✢에 접속할 수 있는
멜기세덱 그룹들에 의해 한 점 의혹 없이
모두 투명하게 진실들이 드러나게 될 것입니다.
인류들은 자신들이 왜곡하고 변질된 역사의
참모습을 보며 통곡하게 될 것이며
의식이 빠르게 깨어나게 될 것입니다.

아보날의 수여를 통해
인류 문명의 오염된 모든 것들이 교정될 것이며
대우주의 전체의식으로 인류들은
빠르게 합류하게 될 것입니다.
아보날의 수여를 돕고 있는

아카식 레코드
(Akashic Records)

우주에서 발생한 모든 역사, 개인의 생각, 행위, 감정, 경험들이 에너지 형태로 기록되어 있는, 차원의 경계를 넘어선 정보 집합체.
우주의 DNA, 우주의 도서관이라고도 불림

지하 문명*에서 오신 협력자 그룹들이 있습니다.
5차원과 6차원의 과학기술 문명들이
역장 안에서 화려하게 재현될 것이며
무상으로 전 세계에 보급되면서
5차원 과학기술 문명을 기반으로 한
6차원의 정신문명이 지저인(地底人)들에 의해
소개되고 보급될 예정입니다.

아보날 그룹의 최고 수뇌부들이
한반도에서 아보날의 수여를 준비하고 있으며
이들에 의해 하늘의 법령들이
전 세계에 선포될 것이며
법령에 따라 아보날의 수여를 통해
하늘의 법령들이 땅에서 펼쳐질 것입니다.

지구 역사 250만 년 동안
멜기세덱 그룹이 학자나 정치인 종교인들
문화예술가들의 역할을 수행하였다면
아보날 그룹들은
장군이나 장수의 삶을 주로 살았으며
군인이나 무인으로의 삶의 경험들이 많아
이들의 성품은 군인 기질이 강하게 배어 있습니다.
하늘의 직업 군인들이
지구에서도 그 역할에 맞는 주요 배역들을 맡아
군인으로서 영웅으로서
역사의 수레바퀴를 굴려 왔습니다.
우주에서 창조주의 통치를
무력으로 뒷받침하는 우주의 최정예 군인들이
아보날 그룹이 갖는 우주적 신분입니다.

> 지하 문명
> 우리가 살고 있는 지각(地殼) 외부 세계와 흡사하게 지구 내부에 펼쳐진 6차원 지저(地底)인들의 문명

멜기세덱 그룹들이
행성의 문명을 열고 운영하는 그룹이라면
아보날 그룹들은 행성의 문명이 종결될 때
혼란을 수습하고 행성의 문명을
하늘이 일하는 방식으로 종결짓는
문명 종결자로서의 역할이 있습니다.

지축 이동 후 3개월 후에
창조주에 의한 아보날의 수여가
한반도에 예정되어 있으며
역장(안전지대)은 지축 이동 후에 순차적으로
설치될 것입니다.
바이러스 난을 피해
지진과 해일을 피해
하늘이 준비한 안전한 곳으로
인류들은 들어오도록 예정되어 있습니다.

하늘이 준비한 역장에는
그곳의 자기장의 세기를 조정할 수 있으며
역장의 출입문을 열고 닫을 수 있는
메타트론 그룹의 빛의 일꾼들과
그곳의 치안을 담당하고 있는 아보날 그룹들이
인류들을 맞이할 준비를 하고
기다리고 있을 것입니다.
인류를 위해 봉사할 준비를 갖춘
빛의 일꾼들이
빛의 생명나무에서 준비되고
훈련되어지고 있습니다.

우주 창조 원리 144,000

대우주는
창조주 = 조물주 = 창조근원
= 18차원 18단계의 에너지로 창조되었습니다.
세상 만물은 에너지로 되어 있으며
에너지의 층위와 에너지의 법칙 속에서
존재하고 있습니다.
에너지는 빛이며
빛들의 조합을 통해
대우주는 창조되었습니다.
대우주의 창조 원리를 우데카 팀장이
다음과 같이 시절인연에 의해 전합니다.

대우주는
창조근원께서
자신의 에너지를 스스로 분화하여
18차원의 파라다이스✢를
제일 먼저 창조하셨습니다.
18차원은 창조주들의 세계입니다.
18차원은 18단계에서 1단계까지
에너지 스펙트럼의 차이에 따라
스스로 분화하였습니다.

18차원의 각각의 빛의 층위는
144,000의 층위를 가지고 있습니다.
18차원에 존재하는 모든 창조주들 역시

파라다이스
대우주의 중심우주이며 대우주의 주관자인 창조주가 계시는 18차원의 세계

각각 144,000가지의 빛의 스펙트럼을
가지고 있습니다.

대우주는 수학의 함수 모델 방식으로
창조되었습니다.
18차원 18단계의 창조근원의 에너지를
페르미온❋이라고 하며
좌변에 위치하며 144,000가지의
빛의 스펙트럼을 독립변수로 합니다.
좌변에 있는 144,000의 독립변수가 주어지고
우변에 18차원의 1단계에서 17단계의
각 층위별로 존재하는 144,000이
매개변수로 결합하는 함수의 원리에 의해
대우주는 창조되었습니다.
대우주는
인간의 상상력으로는 이해할 수도
알 수도 없을 만큼 다양하게 창조되었습니다.

인간의 머리로 계산할 수 있는 것이 아니며
인간의 상상력으로는 도저히 이해할 수 없는
빛의 다양한 층위에 따른
에너지의 다양성이 창조되는 것입니다.
이 변수들의 크기가 대우주의 크기이며
대우주의 다양성입니다.
144,000의 빛들이 144,000의 변수
하나하나와의 결합에 의해
세상 만물들이 탄생되는 것입니다.
아래 도표를 통해
대우주의 크기와 다양성을 예측해 보시기 바랍니다.

페르미온(Phermion)
만물의 기본이 되는 입자인 페르미아를 구성하는 미립자이며 사랑의 에너지인 창조근원(18차원 18단계)의 빛

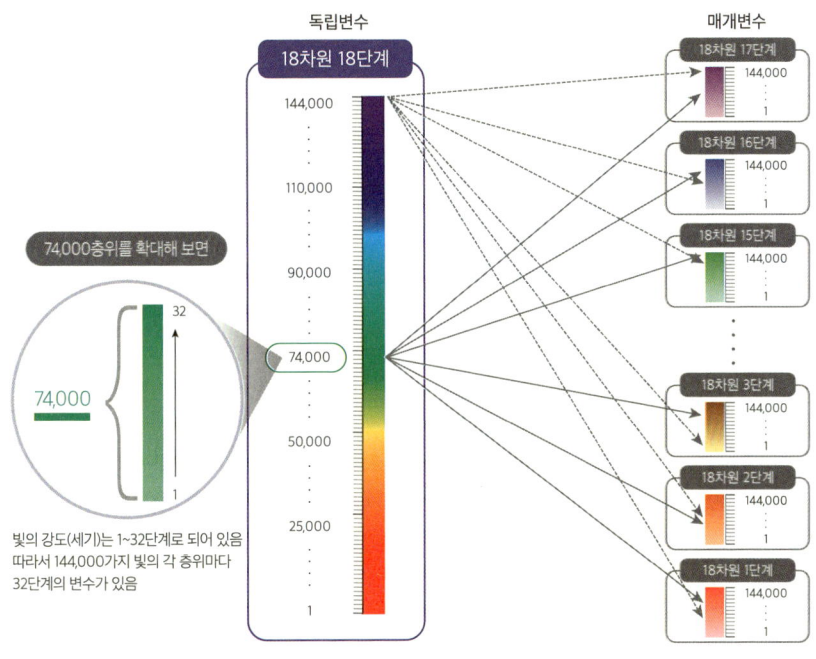

지구 행성에는 대우주가 진화하는
6주기 동안 창조되었던
모든 식물과 동물들과 광물들이 입식되었으며
7번째 대우주를 열기 위한
에너지들의 결합과
에너지들 사이의 결합에서 생기는 모순점들이
모두 실험되었습니다.
대우주에 펼쳐져 있는 만물들이
에너지 법칙 속에서 생기는
모든 변수들을 실험하였으며
그 과정에 발생하는 모든 경우의 수를

에너지 파장별로 데이터를 확보하는
실험들이 있었습니다.
이 데이터들을 확보하기 위한 실험행성으로서
지구 시간으로 250만 년이 필요하였습니다.

지구에서 250만 년 동안
에너지들이 만나서 창조되는
모든 경우의 수에 대한 실험들이
낮은 차원의 진동수인 원소나 광물에서부터
식물이나 동물들 모두를
시기별로 주파수별로
18차원의 대우주의 진동수에 맞추어
살아갈 때 생기는 모든 데이터들이
확보되었으며 실험되었으며
기록되었습니다.

지구 행성에서 축적된 실험 데이터들을
기초 자료로 하여
창조주께서 7번째 대우주를
창조하실 예정입니다.
7번째 대우주를 창조하실 때 필요한
모든 데이터들을 확보하고 실험하는
실험행성♦으로서
종자행성으로서
지구 행성의 역할이 250만 년 동안
아무도 모르게
아무도 모르게 진행되었습니다.
지구 행성은
대우주의 창조와 진화 과정에서 생긴

실험행성 종자행성

지구는 6번째 대우주에서 발생한 수많은 문제점들과 카르마들을 한곳에 모아 놓고 다양한 에너지(빛)의 변수에 대한 실험을 진행한 행성이며, 이 실험결과를 바탕으로 7주기의 대우주를 펼치기 위한 씨앗이 되는 종자행성임

오류들을 수정하고
각종 변수를 제거하고
카르마들을 해소하고
새로운 우주를 펼치시기 위해 준비된
거대한 창조주의 실험실이었습니다.
실험은 모두 끝났으며
실험 과정은 모두 기록되었으며
모든 실험 결과의 데이터들이 확보되었습니다.
이 데이터를 가지고
우주의 7번째 주기는
호모 사피엔스를 주요 모델로 하는
대장정의 길에 들어가게 될 예정입니다.

의식구현 시스템들이
모든 에너지 층위별로 실험되었으며
모든 원소에서부터
광물 식물 동물에 이르기까지
의식을 구현하는 시스템들의 실험이 있었으며
업그레이드 버전들이 완성되었습니다.
호모 사피엔스를 통한
에너지 변수들이 실험되었으며
모든 경우의 수에 대한 데이터들이
확보되었습니다.
대우주의 7번째 주기는 휴머노이드형이
우점종이 될 것입니다.
호모 사피엔스의 다양한 버전들이 실험되었으며
의식구현 시스템 또한
모든 변수들을 입력하고 수정하는 실험들이
지구 행성 250만 년 동안 펼쳐졌습니다.

눈에 보이는 모든 것들은
에너지로 표현할 수 있으며
에너지의 변형에 불과한 것입니다.
7번째 대우주를 창조하기 위한
모든 데이터들을 확보하고자 하는 실험들이
모두 종료되었으며
지구 행성의 차원상승을 끝으로
마무리될 것입니다.

관세음의 세계라

눈에 보이는 세계는
눈에 보이지 않는 세계가 있기에
펼쳐지는 것입니다.

눈에 보이는 현상은
눈에 보이지 않지만 변하지 않는
본질이 있기에 다양하게 펼쳐지는 것입니다.

눈앞에 다양하게 펼쳐지는 세계는
눈에 보이지 않는 세계에서 이미 결정이
이루어지고 난 후 펼쳐지는 것입니다.

우주에 펼쳐져 있는 삼라만상은
무극(無極)＊의 세계에서 시작하였습니다.
무극을 태허(太虛)라 하였으며
무극인 태허에서 음과 양의 세계인
태극(太極)의 세계가 펼쳐졌습니다.

무극의 세계는 우주에서는
16차원과 17차원 18차원을 말하는 것입니다.
태극의 세계는 고도로 진화된 영혼들이
살아가고 있는 곳으로 우주에서는
13차원과 14차원과 15차원을 말합니다.

무극의 세계에서 태극의 세계로

무극(無極)
천지 만물의 우주가 생성하는 근원이 된 분리가 없는 하나의 상태.
18차원의 대우주에서 16~18차원을 무극의 세계, 13~15차원은 태극(太極)의 세계, 1~12차원을 삼태극(三太極)의 세계라 함

태극의 세계에서 삼태극(三太極)의 세계로
우주의 삼라만상은 탄생하였습니다.
물질세계의 최고 차원은 12차원입니다.

소리와 빛은 태극의 세계를 의미합니다.
태극의 세계에서의 빛과 소리는
삼태극의 물질세계에서는
소리와 빛이 형상(形象)으로 창조되는 것입니다.
소리와 빛이 만물의 형상을 창조하였음을
소리와 빛으로
삼라만상(森羅萬象)이 창조되었음을 의미합니다.
소리와 빛이 물질 세상에서는
형상으로 나투어졌으며
삼라만상은 소리와 빛과 형상으로 되어있음을
불교에서는
관세음(觀世音)의 세계라 표현하였습니다.
관세음의 세계는
태극의 세계에서 삼태극의 물질세계가
시작되었음을 알려주고 있는 상징 코드입니다.

물질 세상의 시작을 의미하며
삼라만상의 기원이 빛과 소리임을
관세음의 세계는 우리에게 전해주고 있습니다.

실제로 우주에서
관세음보살(음)과 관자재보살(양)은
13차원의 주관자이며
태극의 세계에서 삼태극의 세계를
주관하시는 분이십니다.

모든 영들은 물질 체험을 위해
태극의 세계를 떠나
삼태극의 세계에
영혼(靈魂)의 여행을 떠나왔습니다.
음(陰)과 양(陽)의 세계를
정신(精神)의 세계라 하며
음과 양의 세계 즉 정신에서
물질의 세계인
빛과 소리와 형상이 하나인
관세음의 세계가 펼쳐졌습니다.
이것을 동양 의학에서는
정기신(精氣神)*과
영혼백(靈魂魄)으로 표시하였습니다.

> **정기신(精氣神)**
> 물질을 구성하는 3요소.
> 동양 철학에서 인간을 구성하는 3요소를 이르는 용어로 사용되어 옴

관세음(빛, 소리, 형상) = 정기신 = 영혼백에서
하위 차원의 오행(목화토금수 木火土金水)이
탄생하였습니다.

대우주는
무극에서 음양의 세계인
태극의 세계가 펼쳐졌으며
태극의 세계에서 물질세계인
삼태극의 세계가 펼쳐졌습니다.

삼태극의 세계(물질 세상)에서는
빛과 소리와 형상이 서로 다르게 인식되지만
빛과 소리와 형상이
서로 하나로 되어 있는 세계가 있는데
이것을 태극의 세계에서는 관세음이라 하였습니다.

관세음의 세계는
음과 양의 세계를 말함이며
음과 양은 정신을 낳았으며
정신은 오장(五臟) 육부(六腑)를 낳았으며
오장 육부는 혼백(魂魄)을 낳았으며
혼백은 기혈(氣血)을 낳는다.

조습(燥濕)
물기의 마름과 젖음

비수(肥瘦)
살찐 것과 여윈 것

영기(營氣), 위기(衛氣)
음식물을 통해 소화 흡수된 정미로운 기운과 폐로 들어온 천기가 합하여 모인 것을 종기(宗氣)라 하고, 이 중 가볍고 부드러운 입자는 영기(營氣)라 하여 심장을 통해 혈과 함께 운행되며, 무겁고 거친 입자는 위기(衛氣)라 하여 폐를 통해 피부 쪽으로 순환하며 피부를 보호하고 면역 기능을 함

장상(臟象)
인체 내 오장육부의 변화의 현상이 밖으로 드러나는 모습

정(精)은 인체 내에서 조습❖을 낳고
조습은 인체 내에서 비수❖를 낳고
기(氣)는 영기와 위기❖를 낳고
신(神)은 장상❖을 낳고
장상은 색(色)을 낳고
색은 신(神)의 깃발입니다.

혼(魂)은
신(神)을 따라 왕래하며 기(氣)가 되고
백(魄)은 정(精)을 따라 출입하므로 형(形)이 됩니다.

물질 세상은
관세음의 세계에서 출발하였습니다.
소리와 빛과 형상은
삼라만상의 근원입니다.
생명 탄생의 원리와
만물의 탄생 원리가
정기신과 영혼백의 원리에 의해
창조되었음을 말하는 것입니다.

관세음의 세계라
인연 있는 인자들의 깨어남이 함께 하시길

예수님과 석가모니 부처님의 우주적 신분

지구는 네바돈 우주에 속해 있으며
플레이아데스 항성계✦ 606번 행성입니다.
네바돈 우주에 지구 행성과 같은
행성의 숫자는 모래알같이 많이 존재합니다.
헤아릴 수도 없으며
상상할 수도 없을 만큼
네바돈 은하는 광활합니다.
대우주에는 네바돈 우주와 같은
지역우주 은하들이 150만 개가 넘습니다.
예수님은 150만 개가 넘는 은하의
창조주 중에 한 분이십니다.

지역우주의 창조주를 그리스도라 하고
네바돈 우주 창조주를
크라이스트 마이클(영어식 표현으로는
그리스도)이라고 합니다.
네바돈 우주 창조주의 지구식 표현은
예수 그리스도라고 합니다.
지역 우주 창조주들은 모두
창조주(18차원 18단계)의 분신이며 아들입니다.
예수님께서 아버지라고 불렀던 분은
18차원 18단계의
창조근원 = 창조주 = 조물주였습니다.
예수님은 17차원에 존재하고 있으며
창조근원의 자녀이며 특수한 영의 분화이며

> **플레이아데스 항성계**
> 지구가 속한 항성계의 명칭으로 사타니아(Satania) 항성계라고도 불리며 플레이아데스는 사타니아 항성계의 본부(수도)임.
> 항성계는 서로의 중력에 묶여 공전하는 항성들의 구역을 말하며 행성계보다 크고 은하보다는 작은 단위

네바돈 우주 창조주의 남성적인 측면이
예수님의 우주적 신분입니다.

대우주의 주관자인 창조주의 계획에 의해
네바돈 우주의 변방 지구 가이아 행성에서
우주의 6번째 주기를 마무리하고
대우주의 7번째 주기를 열기 위한
우주의 장엄한 계획이 250만 년 전에
준비되었습니다.

네바돈 우주의 창조주 역시
창조주의 자녀로서
지구 역사에 육화를 통해
자신의 자녀들을 위해
매트릭스✧를 설치하고
매트릭스를 관리하고
매트릭스에 직접 참여하면서
인류의 영적 성장을 위해
육화를 통해 인류 역사에 참여하셨습니다.

17차원은 무극의 세계입니다.
무극의 세계에서는 하나입니다.
네바돈 우주의 창조주인 그리스도께서
3차원 물질 세상에 나투실 때에는
일반 대영 그룹들과는 달리
음과 양으로 두 분의 아바타만을
세상에 내보내게 되는데
이것이 창조주 패밀리 그룹✧들의
영의 분화의 특징입니다.

매트릭스
영이 물질체험을 리얼하게 하기 위하여 대우주의 원칙이자 본성인 사랑을 감추고 눈에 보이는 현상과 물질 등을 전부로 착각하게 만드는 장치
① 영들의 물질체험을 위해 행성에 설치되는 무대장치 (정치·경제 체제, 법·제도, 과학, 종교, 사상 등)
② 영이 물질체험을 하기 위해 혼에 설치되어 성격, 생각과 감정, 행동 양식 등 인간의 개별의식의 패턴을 결정짓는 격자 모양의 에너지 틀. 격자의 밀도에 따라 빛, 중간계, 어둠으로 구분

창조주 패밀리 그룹
16차원 대영그룹을 통해 분화된 일반 영들과는 달리 18차원 18단계 창조근원으로부터 홀수 차원으로 직접 분화되어 나온 영들의 그룹. 비물질세계의 관리자 그룹들을 통제 관리하는 한편, 물질세계에서 각 차원별 최고 관리자 역할을 담당함

17차원의 네바돈 우주 창조주의
남성적 측면을 그리스도라고 하며
지구식 표현으로는 예수 그리스도 = 아미타 부처님의
삶을 살다가 가셨습니다.
17차원 네바돈 우주 창조주의
여성적 측면을 네바도니아라고 하며
지구식 표현으로는 석가모니 부처님 = 성모 마리아의
삶을 살다가 가셨습니다.

3천 년 전
석가모니 부처님으로 오신 분이
네바돈 우주의 어머니이신
네바도니아 어머니의 분신이십니다.
아미타 부처님으로 오신 분이
네바돈 우주의 창조주인 예수 그리스도이십니다.
영혼은 남녀의 구별이 없습니다.
남성적인 에너지인 양과
여성적인 에너지인 음으로 구분하며
예수님과 석가모니 부처님의 상위자아 즉
영(靈)은 같은 분입니다.

2천 년 전
예수님으로 오신 분이 그리스도이며
성모 마리아로 오신 분이 네바도니아이십니다.

지구 행성이
대우주의 창조주에 의해
실험행성, 종자행성으로서 선정됨으로써
인류의 영적 진화와 공부를 위해

두 분이 육화를 통해 역사의 주인공이 되셨습니다.
2천 년 전 예수님은
네바돈 우주의 창조주께서 직접 육화를 통해
하늘의 법을 전한 것이며
이적을 행하실 때에는
대우주의 창조주께서 워크인으로 들어오셔서
예수님과 동행하셨습니다.
네바도니아 어머니는 성모 마리아로
그 역할과 임무를 충실하게 수행하셨습니다.

지구라는 행성은 250만 년 전에
네바돈 우주의 창조주인 네바도니아에게
행성 가이아의 특수 역할이 부여되었으며
그 역할을 지금까지 충실히 하였던 것입니다.
지구가 특별한 행성이 되는 이유가 여기에 있으며
네바돈 우주의 창조주께서 직접 관리하신 행성이며
수많은 고통과 슬픔과 한을 다 경험하시면서
인류를 위해 봉사자의 역할을 하셨습니다.

시대 상황에 맞게
석가모니와 아미타 부처로
예수와 성모 마리아로 나투어
인류에게 하늘의 진리를 전달하는
빛의 통로 역할을 하셨습니다.

민족종교나 다른 종교 지도자들 역시
창조주의 하위 차원의 분신들이
그 역할을 담당하였으며
그 밖에 우주의 최고 관리자 그룹들이

종교 지도자나 예수님이나 부처님의 제자들로
육화를 통해 인류를 위해 봉사하셨습니다.

시절인연에 의해
우데카 팀장이
대우주의 비밀을 전합니다.
하늘의 소리를 보고 듣는 인자들이 나타나
이 비밀들이 진실임을 증명하게 될 것입니다.

유불선의 통합이 갖는 의미

인류의 역사는
영성의 시대 ⇨ 종교의 시대 ⇨ 과학의 시대
⇨ 자본주의 시대를 거치면서
인류의 의식은 점차적으로 물질화되었습니다.
지금은 물질문명의 최고 정점에서
물질이 주는 풍요로움 속에 살고 있습니다.
원시반본(原始反本)과
시종여일(始終如一)이라
물질문명의 종결과
새로운 정신문명의 출현이라는
시절인연이 도래하였습니다.

지금 지구 행성의 물질문명은
매우 낡은 자기장 문명입니다.
물질문명의 붕괴 후 새로운 정신문명은
새로운 자기장 문명의 기반 위에서
6차원의 과학기술 문명의 기반 위에서
화려하게 펼쳐질 것입니다.
새로운 정신문명은 레무리아의 정신과
동북아시아에서 펼쳐졌던
유불선 사상의 통합과 기독교 정신이 통합된
기반 위에서 펼쳐질 것입니다.

유교 문화는
동북아시아의 독특한 문화유산인 동시에

하늘에서 설치한
종교 매트릭스 중에 하나였습니다.
유학과 유교 문화는
동북아시아에서만 나타나는
고유한 문화적 패러다임인 동시에
동양의 가족 중심주의 문화를 이루는데
매우 중요한 역할들을 수행하였습니다.
유학과 유교 문화는
동북아시아에 태어난 영혼들에게
독특한 영혼의 진화 경로를 체험하게 했던
문화적 특수성으로 남아 있습니다.
행성마다 고유한 문화적 상징 코드와
종교의 매트릭스들이 도입되고
실험되어집니다.
유학과 유교 문화는 지구 행성에서
동북아시아에서 진행된
매우 독특한 실험이었습니다.

유교 문화는
농경민족에게 있어 꼭 필요한 문화였으며
농경이 중심이 되는 사회에서 나타날 수 있었던
독특한 양식이었으며
지구 행성에서 실험된
다양한 실험 중 하나였으며
인간과 인간의 관계를 규정하는
독특한 문화로서 존재해왔습니다.
인간이 인간을 대하는 기본적인 규범들과
인간과 사회를 둘러싸고 있는 규범들이
농경문화의 틀 속에서 잘 표현되었던 것이

유교 문화가 지닌 특성이었으며
종교의 특성보다는
인간과 인간 사이의 규범이나
인간과 사회 속에서 이루어져야 하는
규범 문화로서의 특성이 강한 것이
유교 문화입니다.
모든 것에는 장점과 단점이 있듯이
한민족의 정신에는
유교 문화가 가지고 있는 고유한 가치들이
아직도 살아 숨쉬고 있습니다.

불교는 세계의 보편적인 종교로 성장하였고
인류의 의식을 한 단계 높이는데
기여를 하였습니다.
인도에서는 사라진 불교가
티벳을 거치면서 중국 문화에 토착화되면서
불교문화는 유교와 마찬가지로
동양의 사상과 문화의 중심축으로
성장할 수 있었습니다.

불교는 대우주의 진리를 담고 있으며
우리 한민족의 기본 바탕이 되는
도가 사상과 민족주의 전통과 융합함으로써
토착화하는데 성공하였습니다.
한민족의 정신과 사상을 이야기하는데
불교 역시 빠질 수 없는 중요한 역할들이 있었으며
불교 문화 역시 대중들 속으로 들어가
민중들의 마음을 얻는데 성공하였습니다.

불교의 수행 문화는
우리 민족의 전통적 수행법중
도가제(都家諸) 수행법인
도인법(導引法)과 양생법(養生法)과
호흡 수련과도 융합함으로써
우리 민족 고유의 수행 문화가 형성될 수 있었습니다.
유교 문화와 불교 문화가 어우러져
독특한 천도재(薦度齋) 문화가 형성되었으며
불교 문화와 도가적 전통의 수행법이 서로 만나서
전 세계적으로 유례를 찾을 수 없는 독특한
주문수행(呪文修行)의 문화가
형성될 수 있었습니다.

우리나라 고유의 문화는
도가 사상에 기반을 둔 수행 문화입니다.
정신에 치중한 불교와는 달리
깨달음을 이루려는 인간의 의지와
깨달음의 주체가 되는 인간의 몸에 대한
다양한 이해와 다양한 관점들은
몸을 통한 수행법과 몸을 통해
궁극의 세계에 도달하려는
모든 문화적 형태로 나타나는데, 이것을
선(仙) 문화라고 하며 선법(仙法)이라고 합니다
우리 민족에게 입에서 입으로
전해 내려오던 것들이 많이 있는데
크게 보면 양생법과 도인법, 그리고
몸을 단련하는 무예와 관련된
다양한 형태의 비결들이 있으며 이것을
선(仙)이라 하였습니다.

새로운 시대를 열기 위한 열망들이
미륵 신앙이나 비결서의 형태로
민중들의 가슴에 남아 있었으며
정신문명의 시대가 한민족을 중심으로
펼쳐질 것을 예언하는 예언서들이 출현하였습니다.
동북아시아의 문화적 기반과 토대는
유교 문화와 불교 문화가 아닌
도가 사상에 바탕을 둔
사상적 흐름이었다는 것이
동북아시아의 보편적인 역사의 흐름이었습니다.

유교와 불교와 도가 사상에 기반을 둔
선문화의 장점을 살리고자 하는
통합 운동이 늘 있어 왔으며
유불선(儒佛仙)의 통합이 이루어지는 때가
새로운 시대가 펼쳐지는 시대라는 것이
우리 한민족의 정서에는 깔려 있습니다.

유불선의 통합은
한민족의 깨어남을 위한 기초 과정이며
유불선의 통합은
한민족 중심의 새로운 정신문명을 건설하는데
중요한 역할이 있습니다.
유불선의 통합은
한민족 정신의 완성이며
미래의 인류가 정신문명을 펼쳐 나가는데 있어
반드시 선행되어야 할 가치입니다.

선(仙)을 옛날부터

동선(東仙)과 서선(西仙)으로 나누어
우리 조상들은 인식하여 왔습니다.
동선(東仙)은
도가를 중심으로 한 사상과 종교를 말하며
서선(西仙)은
기독교를 중심으로 하는 사상과 종교이며
천주교와 이슬람교를 포함하고 있습니다.
예수님 혈통 또한 한민족에서 기원한 것이
역장 안에서 밝혀질 것이며
단지파라는 것 또한 밝혀질 것입니다.
재림 예수 역시
한반도에서 태어나 살고 있으며
지구 차원상승 과정에서
재난 중에 인류를 위한 큰 사랑을 펼치게 되나
크게 드러나지 않을 것입니다.
안전지대인 역장 안에서
재림 예수로서 역할을 충실히 수행할 예정입니다.
고통과 시련을 겪는 인류들과 함께
새로운 정신문명을 한반도에서부터 펼치는데
큰 역할이 있으며 이것이
지구 차원상승 과정에서 재림 예수에게
주어진 사명이자 역할입니다.

한반도는 지구에서 펼쳐진 중요한
물질문명과 정신문명들의 처음과 끝이며
유종의 미를 거두는 특별한 곳이며
물질문명의 총결산이 이루어지는 곳이며
원시반본과 시종여일이 이루어지는
성스러운 곳입니다.

유불선의 통합은
하늘이 새로운 정신문명을 한반도에서
시작을 준비하기 위한 아젠다(agenda)이며
재난 후 역장 안에서
유불선의 통합에 기반을 둔
새로운 규범 문화와 새로운 정신문명을 위한
이론적인 토대들이 완성될 것입니다.
유불선의 통합이 갖는 상징성은
새로운 정신문명의 출현입니다.
유불선의 통합은 지구 행성에 펼쳐졌던
모든 종교 매트릭스들의 통합이며
완성이 될 것입니다.
한민족이 그토록 역사적 시련기를 겪으면서도
잃지 않았던 가치들이 미래 지구 행성의
정신적 원형이 될 것입니다.
유불선의 통합이
재난 후 역장 안에서 완성될 것입니다.

그렇게 될 것이며
그렇게 예정되어 있으며
그렇게 되었습니다.

선천의 역(易)의 변화

자연은 변화 속에서 존재합니다.
자연의 변화는 역(易)으로 설명할수 있으며
역의 변화는 숫자나 형상(괘)으로 표현할 수 있습니다.
15차원의 우주 변화는 4주기로 되어 있었으며
시대 상황에 따라 역 또한 변화하여 왔습니다.
복희의 팔괘(八卦)와 문왕의 팔괘(주역周易)는
그 시대를 해결한 역이었으며
그 이후로 중세시대의 역이 있었으며
산업혁명기(조선 중기) 이후에
선천의 마지막 역이 펼쳐졌습니다
역의 변화를 마방진(魔方陣, 구궁도九宮圖)의
원리에 의해 설명한 것이 아래에 있는 표입니다.

선천(先天) 15차원 역의 변화

A. 1/4 주기
복희팔괘(상고시대)

天
8	1	6
3	5	7
4	9	2
地

B. 2/4 주기(주역)
문왕팔괘(고대국가시대)

地
4	9	2
3	5	7
8	1	6
天

C. 3/4 주기
중세의 시작(송나라)

天
6	1	8
7	5	3
2	9	4
地

D. 4/4 주기
산업혁명시대(조선중기)

地
2	9	4
7	5	3
6	1	8
天

후천(後天) 18차원 역의 시작

E. 후천 1/4 주기
2016년 3월1일 대우주 7번째 주기의 시작

地
7	2	9
8	6	4
3	10	5
天

인류의 역사와 함께
역의 역사 역시 함께 변화하였습니다.

A : 영성과 상고시대를 뜻하는 역 (1/4 주기)
B : 고대국가시대의 역 (2/4 주기)
C : 중세시대의 역 (3/4 주기)
D : 산업혁명기 시대의 역 (4/4 주기)
E : 후천 18차원의 역의 시작 (1/4 주기)

선천 역이 형성되는 기본 원리

1	하늘	심장	양중지양(陽中之陽)	태양수
2	땅	폐	양중지음(陽中之陰)	소음수
3	인간	간	음중지양(陰中之陽)	소양수
4	정기신혈	신장	음중지음(陰中之陰)	태음수
5		비장		중앙수
6		소장	태음수(太陰數)	1 + 5
7		대장	소양수(小陽數)	2 + 5
8		담	소음수(小陰數)	3 + 5
9		방광	태양수(太陽數)	4 + 5
10		위	중앙수(中央數)	5 + 5

생수(生數)
1에서 5까지 우주의 기본수

성수(成數)
우주의 기본수인 생수와 중앙수의 조합으로 만들어진 수

1, 2, 3, 4, 5는 생수(生數)❖이며
6, 7, 8, 9, 10은 성수(成數)❖입니다.

심장(心臟)은 하늘의 수이며
1 + 5 = 6 (소장小腸) 태음수로 변화
폐(肺)는 땅의 수이며

2 + 5 = 7 (대장大腸) 소양수로 변화
간(肝)은 인간의 수이며
3 + 5 = 8 (담膽) 소음수로 변화
신장(腎臟)은 정기신혈의 수이며
4 + 5 = 9 (방광膀胱) 태양수로 변화
비장(脾臟)은 우주의 중앙수
5 + 5 = 10 (위胃)으로 변화

태양수 (9) + 태음수 (6) = 15
소양수 (7) + 소음수 (8) = 15
15가 형성되는 원리에 의해
우주 변화의 원리가 설명되며
마방진의 원리에 의해
구궁도의 원리가 완성되었습니다.

선천의 변화의 원리는
하늘(심장)이 땅(폐)의 변화로 이어지는
생명의 순환 원리에 의해
우주의 변화의 원리가 적용되었습니다.

선천의 변화의 원리는
총 4주기에 의해 역이 펼쳐졌으며
이 원리에 의해 우주의 변화가 땅에서
에너지적으로 펼쳐졌습니다.
이제는 때가 되어 우데카 팀장이
선천의 역의 변화를 인류에게 공개하였으며
2016년 3월 1일 시작된 새로운 후천 시대인
18차원의 첫번째 주기의 변화를
구궁도의 원리에 맞추어 세상에 펼쳐 놓았습니다.

후천의 역(易)의 변화

후천의 세계는 18차원의 세계입니다.
18차원의 세계는 이미
2016년 3월 1일을 기점으로 펼쳐졌습니다.
18차원의 세계는 6장 6부의 세계이며
마음(심포 = 정신 = 6)이 중앙에 배치되는
온전한 마음(정신)에 의해 펼쳐지는 세계입니다.
중앙에 심포(마음)를 배속하고
중앙수 10이 하늘이 되어 아래로 가고
땅의 수 2가 위로 가는 배열이 되는 세계입니다.

후천의 역이 형성되는 기본 원리

1	심장	양중지양(陽中之陽)	태양수
2	폐	양중지음(陽中之陰)	소음수
3	간	음중지양(陰中之陽)	소양수
4	신장	음중지음(陰中之陰)	태음수
5	비장	중앙수	하늘수
6	심포	태음수(太陰數)	중앙에 배속
7	소장	소양수(小陽數)	1 + 6
8	대장	소음수(小陰數)	2 + 6
9	담	태양수(太陽數)	3 + 6
10	방광	하늘수	4 + 6
11	위		5 + 6
12	삼초		6 + 6

이 배열은 18차원의 4가지 변화의 괘 중
첫번째 배열입니다.

정신(마음)이 주관하는 세계이므로
정신(마음 = 심포 = 6)가 중앙수가 되며
폐 = 2 = 땅의 세계로 위에 분포하며
방광 = 10 = 하늘에 해당합니다.

태양수 (9) + 태양수 (9) = 18
중앙수 = 하늘수 (10) + 소음수 (8) = 18
18이 형성되는 구궁도(마방진)의 원리에 의해
후천 18차원을 표로 정리하면 다음과 같습니다.

✦ 후천(後天) 18차원 우주 변화의 원리

地

7 소장	2 폐	9 담
8 대장	6 심포	4 신장
3 간	10 방광	5 비장

天

마음의 세계와 심포가 중앙에 위치
태양수(9) + 태양수(9) = 18
하늘수(10) + 소음수(8) = 18

후천 18차원의 세계는 정신문명의 세계입니다.
지구 차원상승 후
개벽 후에
지구 행성에서 펼쳐질 우주 변화의 원리를
구궁도의 원리에 의해 펼쳐 보였습니다.

지구 행성의 미래

지구 행성은 네바돈 은하에 속해 있으며
네바돈 은하에는 지구와 같은 행성이
얼마나 존재하는지 숫자로 표현할 수 없을 만큼
무수히 많습니다.
대우주에는 네바돈 은하와 같은 은하들이
약 150만 개 이상 존재하고 있으며
은하마다 은하를 관리하는 주관자가 있습니다.

은하들은 모두 18차원의 창조주 그룹에서
관리감독을 주관하고 있습니다.
은하마다 관리감독 주관자가
18차원 1단계부터 18단계까지 창조들 중
각각 다르게 존재합니다.
은하들을 관리하는 18차원 관리감독자들은
1단계에서 18단계까지 에너지 층위에 따라
항아리 모양❖으로 분포되어 있습니다.
17차원의 지역 우주 창조주들은
18차원 1단계에서 18단계의 자녀들이며
은하마다 18차원의 관리와 통제 속에 있습니다.

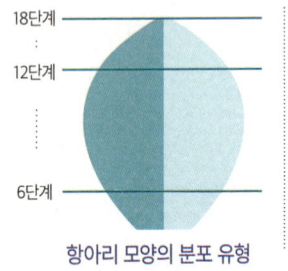

항아리 모양의 분포 유형

네바돈 은하는 18차원 18단계의 창조근원의
관리와 통제 속에 있습니다.
창조근원이 주관하는 네바돈 은하에는
에너지 균형의 원리에 의해
18차원의 1단계부터 18단계까지의 에너지들이

모두 들어와 존재하고 있으며
고유한 에너지를 가진 채
대우주의 전체의식 속에서 존재하고 있습니다.
네바돈 은하의 창조주이자 주관자인
크라이스트(그리스도) 마이클은 17차원이며
18차원 18단계 창조근원의 자녀이며
특수한 영의 분화입니다.

지구의 차원상승 후
지구 행성은 우주에서 가장 빛나는
보석 행성이 될 예정입니다.
대우주는 지금까지 6번째 주기를 마무리하고
7번째 주기가 시작되었습니다.
대우주의 새로운 주기가 시작되기 전
한 주기 동안 펼쳐질 모든 것들을 미리 준비하는
실험행성과 종자행성이 필요합니다.
한 주기 동안 대우주에서 펼쳐질
모든 것들에 대한 실험 데이터들과
연구 결과물들이 있어야 이것을 기초로
대우주의 창조가 펼쳐질 수 있기 때문입니다.

대우주의 차원상승과 새로운 주기가 펼쳐지기 전
실험학교 연구학교의 개념으로
한 행성이 선정되며
그 행성은 창조근원이 주관하는 행성이 되며
이곳에서 모든 실험들이 이루어지게 됩니다.
대우주의 각 주기가 펼쳐지기 전
창조근원이 주관하는 종자행성은
대우주에서 단 하나밖에 존재하지 않습니다.

지금까지 종자행성은 각 주기에 하나씩
6개 행성이 존재하며 이들은
창조근원이 직접 주관하는 행성입니다.
대우주에서 가장 밝은 별은
창조근원이 주관하는 종자행성이 되는 것입니다.

네바돈 우주의 변방에 있던
지구 행성이 특별한 이유는
7번째 대우주를 펼치기 위한
실험행성과 종자행성의 의미를 지닌
행성이기 때문입니다.
지구 행성은 지구 차원상승 후
대우주의 7번째 주기를 펼치기 위한
종자행성이 될 것이며
7주기 대우주에서 창조근원이 주관하는
유일한 행성이 될 것입니다.
기존에 여섯 주기 동안 탄생한
6개의 종자행성보다도 더 밝은
대우주에서 가장 높은 진동수를 가진
행성이 될 것입니다.
이것이 지구 행성이 갖는 특별함이며
우주에서 귀하고 귀한 행성이 되는 이유입니다.

지구 차원상승 과정에서
참 아프고 아픈 세월을 겪은 뒤
상처가 아물고 나면
지구 행성은 대우주에서 가장 밝은 별인 동시에
가장 진화된 행성이 될 것이며
7번째 대우주의 중심이 될 것입니다.

이것이 지구 행성의 찬란한 미래임을
우데카 팀장이 시절인연이 되어
지구 행성에 살고 있는 인류에게
기쁘고 기쁜 소식을 전합니다.

그렇게 될 것이며
그렇게 예정되어 있으며
그렇게 되었습니다.

2부 의통의 시대를 열다

일만 이천 도통군자(道通君子)란
지구 차원상승의 때에 출현한다는
개벽의 때에 출현한다는 하늘의 일꾼들을 의미하며
빛의 일꾼들을 의미하며 하늘 사람들을 의미합니다.
일만 이천 도통군자들에게 신통력(神通力)이 생겨
이 신통력으로 인류를 구한다고 하였습니다.

의통과 일만 이천 도통군자의 시대를 열며

하늘의 뜻은 땅에서 펼쳐집니다.
땅에 펼쳐져 있는 모든 것은
단 하나도 예외 없이
하늘에서 온 것입니다.
추한 것도 아름다운 것도
모두 하늘에서 온 것입니다.
선한 것도 악한 것도
빛과 어둠 또한 모두 하늘에서 온 것입니다.
하늘의 것은 모두 때가 되면
하늘로 되돌아가는 것이
보이지 않는 세계의 법칙입니다.
이제는 때가 되어
하늘로부터 온 세상의 모든 것은
하늘로 돌아가야만 합니다.

그날이 오면
마지막 때가 오면
대재난의 때가 오면
선천(先天)의 시대가 가고
후천개벽(後天開闢)✢의 시대가 오면
새 하늘과 새 땅이 시작될 때를 알리는
상징과 표식들이
한민족의 백성들 사이에서 입에서 입으로
전승되어 오는 것이 있습니다.
한민족의 비결서✢와 예언서에 나와 있으며

후천개벽(後天開闢)
우주의 새로운 주기와 함께 열리는 새로운 세상.
지금은 대우주가 6주기에서 7주기로 넘어가는 시기이며, 7주기의 시작을 기준으로 이전을 선천, 이후를 후천이라 하며 지구의 차원상승 시기와 맞물려 있음.

비결서(祕訣書)
누구나 보고 쉽게 알지 못하도록 일부러 그 의미를 숨겨서 전하는 예언서

민족종교들에게도 전승되어 오는 것이 있는데
환란(患亂)의 때가 되면
한반도 곳곳에서 백성을 구할
일만 이천 명의 도통군자(道通君子)가
출현할 것이라는 내용들이 있습니다.

금강산 봉우리가
일만 이천 봉으로 이루어졌듯이
환란의 때가 되면
백성들을 구할 일만 이천 명의 도통군자가
출현한다는 믿음들이 있습니다.
신화의 형태로
집단무의식의 형태로
민족종교의 밑바탕에
한민족의 정신 속에는
인류를 구할 도인(빛의 일꾼✧)들이
출현할 것이라는 믿음이 자리잡고 있습니다.

빛의 일꾼
지구 차원상승을 맞이하여 인류들의 의식을 깨우는 역할자로 고차원에서 지구에 하강한 영혼.
전 세계에 144,000명이 있으며 그중 12,000명(일만 이천 도통군자)이 한반도에 있음

일만 이천 도통군자란
지구 차원상승의 때에 출현한다는
개벽의 때에 출현한다는
하늘의 일꾼들을 의미하며
빛의 일꾼들을 의미하며
하늘 사람들을 의미합니다.
일만 이천 도통군자들에게
신통력(神通力)이 생겨 이 신통력으로
인류를 구한다고 하였습니다.
육신통(六神通)이 열린다고 하였습니다.

육신통이란
하늘의 소리를 듣는 천이통(天耳通)과
하늘의 형상을 보는 관법(觀法)인
천안통(天眼通)이 열리고
타인의 마음을 아는 타심통(他心通)이 열리고
과거와 미래를 아는 숙명통(宿命通)이 열리고
윤회를 끊는 누진통(漏盡通)이 열리고
신출귀몰하는 신족통(神足通)이 열린다고 하였습니다.

하늘의 일을 하는 하늘의 일꾼들에게는
육신통 이외에 하나가 더 추가되는데
그것이 바로 의통(醫統)입니다.
의통은 타인의 질병을 치료하는 능력이
하늘로부터 주어짐을 의미합니다.
육신통에 의통이 추가되었습니다.
대재난과 함께 지축 이동※과 함께
물질문명이 붕괴되어 폐허가 된 이후에
인류의 면역력에 이상이 생기고
수많은 인류가 괴질과 바이러스 난 앞에
속수무책으로 손쓸 수 있는 시간조차 없을 때에
하늘이 준비한 하늘의 일꾼들이
인류 앞에 드러날 것입니다.
육신통과 의통은 하늘에 의해
빛의 일꾼들에게 준비되고 있습니다.
빛의 생명나무는
빛의 일꾼들을 교육하고 준비시키는
빛의 일꾼들을 위한 훈련소입니다.

차크라를 열어

> 지축 이동(극이동極移動 Pole shifting)
> 23.5도 기울어져 있는 지구의 자전축과 지표면이 만나는 극점이 여러 차례에 걸쳐 이동하여 바로 서게 되는 과정

몸을 빛의 몸으로 준비하고
하늘과의 소통을 준비하고
하늘의 실체와 우주의 실체를 공부하고
하늘이 일하는 방식과 마음 쓰는 법을 익혀
하늘의 빛의 통로가 되는데 부족함이 없도록
준비하고 있었으며
경락* 차크라를 통하여
의통의 시대를 준비하고 있습니다.

경락을 눈으로 보고
장부를 눈으로 보고
빛으로 장부가 치유되는 모습을
영안이 열려 눈으로 볼 수 있습니다.
한의학적 패러다임을 익히고 준비하는
치열한 과정을 거쳐
불치병과 난치병을 치유할 수 있는 길이
열렸습니다.
하늘이 맺은 것은 하늘만이 풀 수 있습니다.
하늘이 준비한 천재(天災)입니다.
하늘이 준비한 지축 이동입니다.
하늘이 무너져 내리고
땅이 무너져 내리는 충격일 것입니다.
하늘이 준비한 재난이기에
인간의 방법이 아닌
하늘의 방법으로 해결할 수밖에 없는 것입니다.
이것이 한반도에 일만 이천 도통 군자가
출현하는 이유이며
전 세계에 144,000명의 빛의 일꾼들이
출현하는 이유입니다.

> 경락(經絡)
> 인체 내부의 경맥(經脈)과 낙맥(絡脈).
> 전신의 기혈(氣血)을 운행하고 장부(臟腑)를 연결하며 상하내외를 소통시키는 통로. 세로로 흐르는 주요 통로를 경맥, 경맥에서 나와 신체 각 부분으로 연결된 가로 방향의 통로를 낙맥이라 함. 대우주를 소우주로 축소시켜 놓은 에너지 회로도가 호모 사피엔스의 몸에 설치되어 있는데 전체 회로도 중에서 30% 정도가 인류에게 경락으로 알려져 있음

빛의 생명나무에서는 그동안
참 많은 훈련과 공부 과정을 통해
대재난이 다가왔을 때
인간의 의료 과학기술인 항생제와 백신으로
치료할 수 없는 괴질과 바이러스를
치료할 수 있는 대안으로서
하늘의 빛을 경락과 차크라에 이용하여
인간의 몸을 치유할 수 있는
경락 차크라 치유를
하늘과의 소통 속에서 준비하였습니다.

대재난 속에 있는 인류에게
고통 속에 신음하는 인류에게
괴질과 바이러스 난으로 고통받는 인류에게
다가가야 하는 빛의 일꾼들에게
하늘이 빈손으로 가라고 하지 않습니다.
빛의 일꾼들은 먼저 차크라를 열어
하늘과 땅의 빛의 통로가 되어야 하며
몸의 진동수가 높아져야 합니다.
자기 자신을 먼저 빛의 몸으로 만들어
어떠한 세균과 바이러스가 침투해도
몸에서 이겨낼 수 있는 빛의 몸이 되어
의통을 이루기 전
자기 자신의 몸을 만드는 과정이
선행되어야 하며 그 이후에
하늘로부터 타인의 몸을 치유할 수 있는
능력을 부여받아야 합니다.
자신을 먼저 구한 사람만이 타인을
구할 수 있습니다.

이것을 의통(醫統)이라고 합니다.
우데카 팀장과 빛의 생명나무에서는
재난의 시대를 준비하고
괴질과 바이러스 난을 대비하기 위해
차크라를 열어
신통(神通)의 시대를 준비하고 있으며
경락 차크라 치유를 통해
의통의 시대를 열 것입니다.
빛의 일꾼들이 인류를 구할 방편으로서
물질문명의 붕괴와 의료 시스템의 붕괴 후
인류의 고통을 덜어 줄
새로운 패러다임의 치유 기술인
경락 차크라 치유를 통해
의통의 시대를 준비하고 있습니다.

새 하늘과 새 땅에
새로운 정신문명이 주도하는 시대에
항생제와 진통제를 가지고 갈 수는 없습니다.
새로운 경락 차크라 치유의 시대를 열 것입니다.
모든 것이 붕괴되고
열악한 환경 속에 놓인 인류에게
면역력이 약해진 인류에게
경락 차크라 치유는
가뭄에 단비가 될 것이며
많은 인류들의 생명을 구하고
많은 인류들의 고통과 통증을 줄여 줄 것입니다.
지구의 차원상승 후에는
경락 차크라 치유가 일반적인
치유 형태가 될 것입니다.

빛의 생명나무에서는
차크라를 열어
하늘과 땅의 빛의 통로를
인간의 몸에 확보하고 있습니다.
빛의 일꾼들이 하늘과 소통할 수 있고
하늘의 소리를 들을 수 있도록 하기 위해
차크라를 열어
육신통을 펼칠
빛의 몸을 만들고 있으며
지구 차원상승(개벽) 후에는
만인성불의 시대를 열 것입니다.

경락 차크라 치유는
경락에 차크라의 빛과 하늘의 빛을 이용하여
인간의 질병을 치유하는 기술입니다.
경락 차크라 치유를 통해
인류가 질병의 고통으로부터 해방될 수 있는
의통의 시대를 열 것이며
새로운 정신문명의 시작에 앞서
새로운 패러다임을 담은 경락 차크라 치유를
인류에게 소개하는 데 그 목적이 있습니다.
경락 차크라 치유는
일만 이천 도통군자인 빛의 일꾼들에게
소우주인 인간의 몸에
대우주의 보이지 않는 법칙들이
어떻게 작용하고 있는지
보이지 않는 하늘의 법칙들이 어떻게
인간의 몸에서 작용하고 있는지
경락을 눈으로 보며

빛으로 어떻게 인간의 몸이 치유되는지
보이지 않는 세계를
보이는 세계로 펼쳐 보여주는 역할이 있습니다.

일만 이천 도통군자들은
때가 되면 자신의 타임라인에 따라
모두 깨어나게 될 것이며
전 세계적으로 144,000명 또한
자신의 타임라인에 맞추어 깨어나게 될 것입니다.
인연이 있는 인자들에게
자신의 타임라인에 맞추어
하늘은 차크라를 열어 줄 것이며
영적인 능력들 또한 줄 것입니다.

한반도에 있는
일만 이천 도통군자들인 빛의 일꾼들을
우데카 팀장은 기다리고 있으며
반드시 만날 수밖에 없는 운명이 기다리고 있습니다.

빛의 일꾼인
일만 이천 도통군자들은 지상에서
훈련되어져야 하며 교육되어져야 합니다.
빛의 일꾼들은
보이지 않는 세계의 원리들을
누구보다도 잘 알고 있어야 하며
하늘의 실체를 알아야 하며
하늘이 일하는 방식을 알아야 합니다.
우주에는 공짜가 없습니다.
노력 없이 갈 수 없는 길이며

기도와 수행만으로 갈 수 없는 길이며
주문수행으로 갈 수만은 없는 길이며
재미 삼아 취미 삼아
낭만적 영성인들의 의식으로
하늘의 일을 할 수는 없습니다.
내 모든 것을 걸고 가야 하는 길이며
한 치 앞도 볼 수 없는
절망의 상황 속에서도
하늘을 믿고 가야 하는 힘든 가시밭길입니다.

하늘 일에는 공짜가 없으며
하늘 일에는
아무것도 잘못되는 것은 없습니다.
시절인연대로
영혼의 프로그램✦대로
하늘의 계획대로
하늘은
하늘 스스로 정한 길을 갈 뿐입니다.

일만 이천 도통군자들인
빛의 일꾼들의 건승을 빕니다.

그렇게 될 것이며
그렇게 예정되어 있으며
그렇게 되었습니다.

> **프로그램**
> 영혼이 진화과정 상 물질세계의 체험을 하기 위해 이번 생을 어떻게 살아갈지 보이지 않는 세계에서 자신의 상위자아와 천상정부가 조율하여 결정한 인생계획

경락 차크라 치유의 우주적 원리

심장이 뛰고 있는 모든 생명체는
혈액의 순환 시스템과 기가 흐르는
경락시스템을 가지고 있습니다.

심장에서 생긴 자기장에 의해서
눈에 보이는 혈액 순환(음)이
심혈관계 시스템으로 나타나게 됩니다.

심장에서 생긴 자기장에 의해서
눈에 보이지 않는 경락시스템(양)이
작동하게 됩니다.

심장의 박동에 의해
혈의 순환과 기 순환이 이루어지게 됩니다.
심장이 멈추면 자기장이 사라지면서
혈액과 혈관에 자기장이 걸리지 않아
혈액 순환이 멈추게 됩니다.
심장이 멈추면 경락에 자기장이 사라지면서
경락 속에 기 순환이 멈추게 됩니다.

경락의 구조와 기능에 대해서
인류는 그동안 너무 무지했으며
알 수도 없었으며 이해할 수도 없었습니다.
한의학은 우주의 생명 창조 원리와
대우주의 모든 법칙들을 담고 있음에도 불구하고

경락의 비밀들이 밝혀지지 않음으로 인해
의서에만 의존하는 제한된 의식에서
벗어날 수 없었습니다.

이제는 때가 되어
우데카 팀장이
경락의 세부 구조와 기능들을
하늘과의 소통 속에서
경락의 비밀들을 밝혀 놓았습니다.
경락의 실체를 정확히 알고 있는
인류는 그동안 없었습니다.

경락은 의서에만 나오는 것으로
인간의 과학기술로는 발견할 수 없었습니다.
호모 사피엔스가 창조주에 의해 창조될 때
그 당시의 우주 공학기술이 총동원되어
창조되었습니다.
생명이 창조되고 나면
생명에 의식이 구현되는 시스템이
장착되어야 합니다.

의식을 구현하는 시스템과 경락시스템이
우주의 생명 공학자들에 의해
호모 사피엔스 몸에 8차원의 공학기술로
장착되었습니다.
인간의 생명에 의식을 구현하는 7차원 시스템을
메타 휴머노이드 의식구현 시스템이라 하며
대우주를 인간의 몸에
소우주로 축소시켜 놓은 회로도가

8차원 우주 공학기술에 의해 장착된 것이
경락시스템입니다.

호모 사피엔스는
생명에 의식을 구현하는 시스템과
의식구현 시스템을 지원하는
경락시스템이 장착됨으로써
높은 의식을 구현할 수 있는 토대가 마련되었습니다.

의식(생각 = 마음)은 경락시스템에
영향을 주고 있으며
경락시스템은 의식(생각 = 마음)에
서로 영향을 주고받을 수 있도록
프로그램되어 있습니다.
이것을 동양의학에서는
마음은 곧 기(氣)라 표현하였으며
의식의 세계를 기로 표현하였습니다.
기의 세계를 통해
의식(마음)의 세계를 조절할 수 있다는
인식이 생겨났으며 이러한 사상은
모든 병의 근원을 마음(기)에서 찾았으며
기를 조절하는 기술로서
침술과 방제학*이 발전하게 되었던 것입니다.

> 방제학(方劑學)
> 병을 정확하게 진단하여 치료를 위한 약제의 조제와 처방을 연구하는 학문

경락은 3중 구조의 원기둥으로 되어 있습니다.
바깥쪽에는 심장 작동으로 발생하는
자기장의 통로가 있으며
그 안쪽에는 빛의 통로가 있으며
경락의 맨 안쪽에는 음식물을 통해 흡수된

기가 흐르는 기의 통로가 있습니다.

비유적으로 표현하면 다음과 같습니다.
인간의 질병의 종류를 100으로 보면
경락의 기의 통로에 흐르는
기의 조절로 치료할 수 있는 질병이 35%
경락의 빛의 통로에 흐르는 빛으로
치료할 수 있는 질병이 65% 정도 됩니다.
기존 동양의학의 침술과 방제학은
35%마저 제대로 설명할 수 없었으며
경락이 눈에 보이지 않음으로 인하여
기의 통로를 통해
인간의 몸을 치료하는 방법으로는
치료 기술과 그 효과가 매우 낮을 수밖에 없는
한계를 가지고 있었습니다.
경락을 눈으로 볼 수 없었기에
의서에 의존할 수밖에 없었으며
장님이 코끼리를 만지듯
학문을 제한적으로밖에 펼칠 수 없었습니다.

고대의 동양의학은
정신문명이 발달한 시절(단군시대)에
다운로딩 방식❖으로
한민족에게 주어진 하늘의 선물이며
그 선물이 바로 경락시스템이었습니다.
인류의 정신문명이 쇠퇴하면서
물질문명이 발달하면서
경락이 눈에 보이지 않음으로써
경락을 눈으로 볼 수 있는 인자들이

다운로딩(downloading) 방식

정보전달자의 역할을 가진 인자가 세상에 없던 이론이나 정보를 천상정부로부터 채널링(channeling), 영감(靈感) 등의 형식으로 전달받는 것.
컴퓨터 통신망에 접속하여 서버(server)에서 자료를 내려받는 것과 유사하므로 쓰이는 비유적 표현이며, 실제로는 의식구현 시스템을 통해 정보를 전달받는 것임

점차로 줄어가면서
경락이 문헌 속에
의서 속에 갇히게 되면서
쇠퇴의 길을 걸어올 수밖에 없었습니다.
이제는 물질문명을 종결짓고
새로운 정신문명을 열기 위해
눈에 보이지 않았던
경락의 비밀과 실체들을 바탕으로
우데카 팀장은 새로운 의학의 패러다임을
열어갈 것입니다.
경락에 존재하는 빛의 통로를 통해
우리 몸에 존재하는 12 차크라❖를 열어
빛을 소통시키는 기술들이 확보되었으며
실제 치유에 이용할 수 있는
영적인 능력들을
하늘로부터 받을 수 있었습니다.

경락을 통해 흐르는 기의 흐름을 보면서
경락의 빛의 통로를 흐르는 빛을 보면서
장기가 빛으로 치유되는 기전을 설명할 수 있으며
세포 하나하나가 치유되는 모습을
모니터를 보듯 볼 수 있습니다.
인류가 경락을 눈으로 볼 수 있음으로 인해
의학의 새로운 패러다임이 시작되는 것입니다.

비용이 들지도 않으며
단전의 기가 아닌 차크라의 빛을 이용한
치료이기에 부작용도 없습니다.
차크라를 열어야 가능하며

> 12 차크라
> 일반적으로 알려진 7차크라에 양 젖꼭지 사이의 단중과 양 손바닥의 노궁 2곳, 양 발바닥의 용천 2곳을 더해 12 차크라로 칭함.
> 12 차크라가 모두 열려야 온전한 빛의 통로가 되어 빛의 일꾼의 역할을 수행할 수 있음

눈에 보이지 않는 세계를
눈으로 볼 수 있는 인자들만이
경락 차크라 치유를 할 수 있을 것입니다.
인연이 있는 하늘 사람에게
인연이 있는 빛의 일꾼들에게
마음 쓰는 법을 익히고
좁은 하늘문을 열 수 있는
인연이 있는 인자들을 위해
하늘이 인류의 미래를 위해 준비한 것이
경락 차크라 치유입니다.
지축 이동 후
물질문명의 종결 이후에
아보날의 수여❖가 이루어진 후
역장❖ 생활을 통해
인류의 의식이 깨어나게 될 것입니다.

하늘이 우데카 팀장에게
경락 차크라 치유에 관한 권능을 부여한 것은
새로운 정신문명에 어울리는
새로운 의학 혁명인 경락 차크라 치유를
지축 이동 전에 인류에게 먼저 소개하고
경락 차크라 치유의 전파를 통하여
괴질과 바이러스 난을 극복하는데
그 목적이 있습니다.

새 하늘과 새 땅에서 펼쳐지는 의학은
기존의 항생제와 진통제로 열수는 없습니다.
새 술은 새 부대에 담아야 하듯
새로운 6차원의 정신문명에서는

아보날의 수여
행성의 물질문명을 종결할 때 역장의 설치와 운영을 위해 아보날 그룹이 역장의 총 책임 관리자로 하늘로부터 임명되어 역할을 부여받는 것.
아보날 그룹은 창조주의 직속 군인 부대이며 역장 안에서 치안판사, 행정, 의료, 교육을 담당함

역장(力場)
하늘에 의해 강력한 자기장 보호막으로 설치되는 안전지대.
차원상승 대상이 되는 인류를 각종 재난으로부터 보호하고 그들의 의식과 진동수를 상승시켜 6차원 정신문명에 진입하기 위한 지구 차원상승 프로젝트의 핵심 프로그램. 의식의 각성 수준과 몸의 진동수가 일정 수준 이상인 사람만 출입이 가능한 곳

우주의 보편적인 치유법인
경락에 차크라의 빛을 이용하는
경락 차크라 치유가
보편적인 치유 방법이 될 것입니다.

6차원의 정신문명은
6차원의 과학기술 문명과
6차원의 의료기술들이 있어야 가능합니다.
빛의 생명나무 우데카 팀장은
하늘이 한민족에게 주신
경락시스템을 복원하고 계승하여
한민족이 중심이 되는 새로운 정신문명을
한반도에서 시작할 것입니다.

경락 차크라를 이용하여
다가올 괴질과 바이러스 난을 대비할 것이며
각종 불치병과 난치병으로 고통받는
인류에게 희망을 주기 위하여
경락 차크라 치유를 세상에 공개하여
세상을 이롭게 할 것입니다.

눈에 보이지 않는 경락의 세계를
눈에 보이는 경락의 세계로 펼쳐 보일 것입니다.
인연이 있는 인자들을 위해
이 글을 기록으로 남깁니다.

경락시스템의 구성 원리

의식을 가진 생명체들은 심장이 있으며
심장이 있는 모든 존재들에게는
경락시스템이 장착되어 있습니다.

인간의 의식을 구현하는 시스템을
메타 휴머노이드 의식구현 시스템이라 합니다.
심장은 혈액을 온 몸으로 공급하는
역할을 하는 동시에
심장에서 나온 자기장이 혈관과 혈액 사이를
마치 자기 부상 열차처럼
마찰력 제로(0)로 만들어 줌으로써
혈액이 빠른 속도로 혈관을 지나지만
혈관통 없이 혈액을 운반할 수 있도록
도와주고 있습니다.

심장에서 발생한 자기장은
경락시스템을 만들어 줍니다.
경락시스템은
심장의 자기장에 의해 형성이 되며
눈에는 보이지 않는 8차원의 우주 과학기술로
호모 사피엔스가 창조될 때 장착되었습니다.

심장이 멈추면
경락시스템도 30분 이내에 멈추게 됩니다.
그 이유는

심장이 멈추면 심장에서 더 이상
자기장이 생성되지 않고
자기장이 사라지면
경락 또한 작동할 수 없기 때문입니다.
경락의 순환 시스템은
심장이 뛰고 있는 생명체에서만 나타나는
고유한 에너지 운반 시스템입니다.

심장이 뛰고 있는
생명체들은 의식이 있으며
경락시스템은
생명의 기본적인 순환과 함께
의식이 구현되도록 도움을 주고 있습니다.
생명체들마다
경락시스템의 구조와 기능이
다르게 세팅되어 있습니다.
종마다 다른 경락시스템이 작용하면서
종마다 다른 경락시스템이
종마다 다른 메타 의식구현 시스템을
지원해 주고 있습니다.

경락시스템은
의식의 구현이 높은 종일수록 복잡하게
설치되어 있습니다.

경락시스템은
음식의 종류와 질에 따라 다르게
설치되어 있습니다.
주로 풀을 먹는 동물들보다

육식을 하는 동물들의 경락 체계가
복잡하게 설치되어 있습니다.
지능이 좋고 창조 능력이 있는 동물들은
상대적으로 지능이 낮은 동물들에 비해
더 높은 수준의 경락시스템이 작동되고 있습니다.
인간은 높은 지능을 가지고 있으며
창조 능력이 있으며 높은 의식을
구현할 수 있는 능력이 있으며
온갖 음식을 가리지 않고 다 먹을 수 있기에
지구상에 존재하는 동물들 중에 가장
높은 수준의 경락시스템이 설치되어 있습니다.

같은 인류들 사이에서도
그 능력의 발현과 관련된 경락의 크기가
다 다르게 발달되어 있습니다.
지능이 높을수록
의식의 창조 능력이 발달한 사람일수록
능력이나 기술이 뛰어난 사람일수록
최대 10배까지 크기와 굵기에 차이가 존재합니다.

식물은 심장이 존재하지 않기에
경락시스템이 존재할 수 없으며
외부의 기가 들어오고 나가는 통로가 있는데
이것을 우데카 팀장은 생기관(生氣管)이라
새로운 명칭을 부여하여 부르고 있습니다.

인간의 몸에 설치되어 있는 경락시스템은
인간이 만든 어떠한 과학 장비로도 관측될 수 없으며
인류가 6차원의 과학기술 문명으로 접어들게 되면

경락을 보는 기계들이 나올 수도 있을 것입니다.

음식물이 소화 과정을 거치면서 생긴
영양물질 중에 입자가 굵고 거친 것들은
영양소나 영양분의 형태로 소장에서 흡수되어
간으로 보내지고 간문맥❋을 거치면서
심장을 통해 전신에 있는 세포로
영양분을 공급해주는 시스템이
혈액 순환 중심의 서양의학 체계입니다.

> 간문맥(肝門脈)
> 간(肝)과 장(腸) 사이의 정맥(靜脈)으로 소화관에서 흡수한 영양성분을 운반하는 혈관

경락시스템은
소화 과정에서 흡수된 미세한 입자들이
경락을 통하여 운반되는 시스템입니다.
경락시스템은
기(氣)의 형태로
미세한 소립자의 형태인 정(精)의 형태로
음식물에서 흡수한 고(高)에너지를
경락의 순환 시스템에 의해
세포나 조직에 운반하는 시스템을 말합니다.

경락시스템에 의해
유형의 음식물들이 소화과정을 통해
무형의 에너지로 전환될 때
눈에는 보이지 않는
에너지 형태로 전환된 미세한 입자들을
기의 형태로
정의 형태로
세포나 조직에 운반해주는 역할이
경락이 갖는 고유한 기능인 것입니다.

경락의 모양과 세부 구조도 I

우데카 팀장이 제3의 눈으로 본
경락의 모양과 세부 구조를
다음과 같이 인류에게 공개합니다.

A : 경락의 겉부분

- 경락 고유의 색❖이 나타남
- 위지대락❖의 색 : 빨강
- 비지대락❖의 색 : 파랑
- 수태음 폐경의 색 : 흰색

a : 황금색으로 나타남

- 경락의 상태를 표시하는 기준이 됨
- 건강한 경락 : 황금색 빛 발산
- 질병이 있을 시 : 황금빛이 사라지고 탁한 색

b : 수태음 폐경과 공변관계(장부상통)인

- 족태양 방광경의 색(분홍)이 표시됨
- 방광경의 이상 유무를 색의 밝기로 알 수 있음

B : 자기장이 흐르는 통로

- 심장에서 발생한 자기장의 통로
- 심장이 정상이면 통로가 정상
- 심장이 약하거나 질병 시 통로 변형됨

경락 고유의 색
P. 94 그림 참조

위지대락(胃之大絡)
위에서 갈라져 나온 대낙맥(大絡脈)으로 간과 신장으로 연결되어 있음

비지대락(脾之大絡)
비장에서 갈라져 나온 대낙맥으로 심장과 폐로 연결되어 있음

자오유주도(子午流注圖)
자오(子午)는 24시간을 십이지(十二支)로 나눈 개념이고 유주(流注)는 기혈(氣血)의 흐름을 의미하며, 시간대별로 하늘에서 12가지 파장대의 빛(에너지)들이 하나씩 집중적으로 들어와 각각에 해당되는 12경락과 장부에 작용함을 그림으로 나타낸 것

C : 빛의 통로
- 자오유주도❖의 빛이 들어오는 통로
- 우주의 빛 에너지가 들어오는 통로
- 하늘의 에너지가 들어오는 통로
- 이적과 기적이 일어나는 빛의 통로

D : 기의 통로
- 음식물의 소화와 흡수과정에서 생긴 기가 흐르는 통로
- 기미론❖과 귀경이론❖의 기초 통로
- 침술의 효능이 나타나는 곳
- 경락의 기초가 되는 통로

기미론(氣味論)

모든 약물과 음식물은 고유한 성질과 맛(성미 性味)을 지니며 그에 따른 약리적 효능과 작용방향을 가진다는 이론.
4기(온열한량 溫熱寒凉) 5미(산酸 고苦 감甘 신辛 함鹹 신맛 쓴맛 단맛 매운맛 짠맛)로 구분함

귀경(歸經)이론

모든 약물과 음식물은 몸 전체에 고루 작용하는 것이 아니라 일정한 장부와 경맥에 선택적으로 작용하여 치료 효과를 나타낸다는 이론

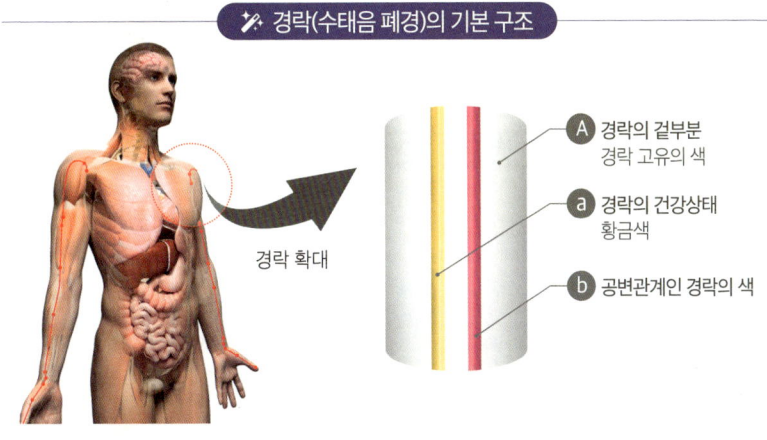

경락(수태음 폐경)의 기본 구조

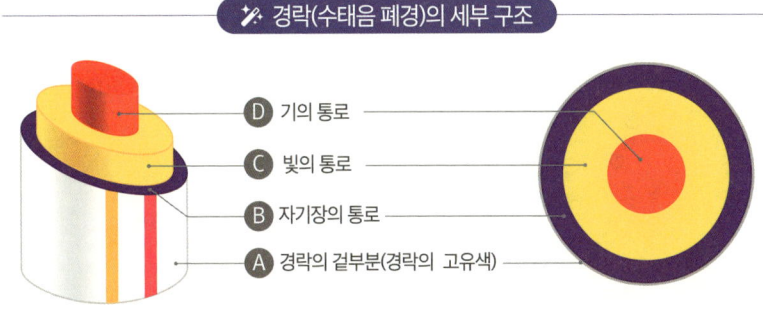

경락(수태음 폐경)의 세부 구조

주요 경락의 색

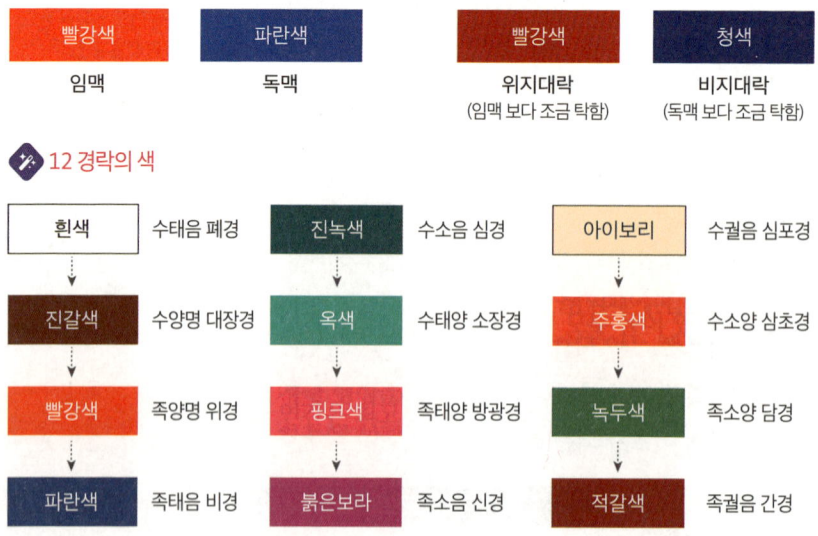

12 경락의 색

자오 유주도

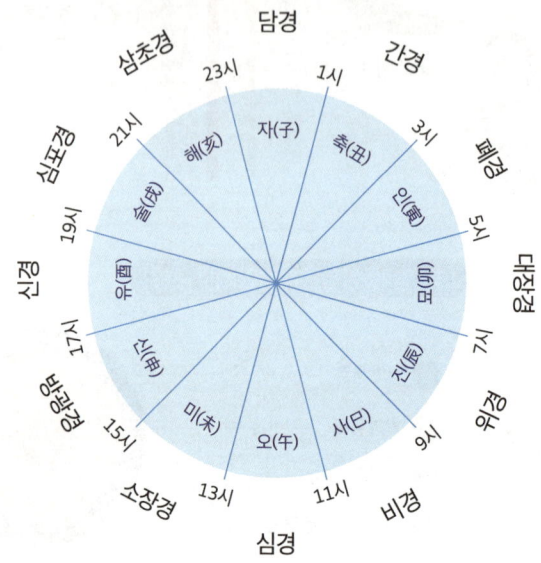

경락의 모양과 세부 구조도 II
표리와 상통의 경락 모형도

표리(表裏)관계*인 경락의 세부 모형도

표(表)가 되는 육부(六腑)의 경락과
리(裏)가 되는 오장(五臟)의 경락이
서로 경락으로 연결되어 있으며
오장과 육부가 서로 경락으로 연결되어
서로 영향을 주고받는 모습을
모형도를 통해서 보면 다음과 같습니다.

표리관계(表裏關係)
표(表)에 해당하는 6부와 리(裏)에 해당하는 5장이 오행(五行)상 같은 기운끼리 서로 연결된 에너지 교환 관계. 간-담, 심-소장, 비-위, 폐-대장, 신장-방광, 심포-삼초의 관계

표리관계일 때 경락의 모습

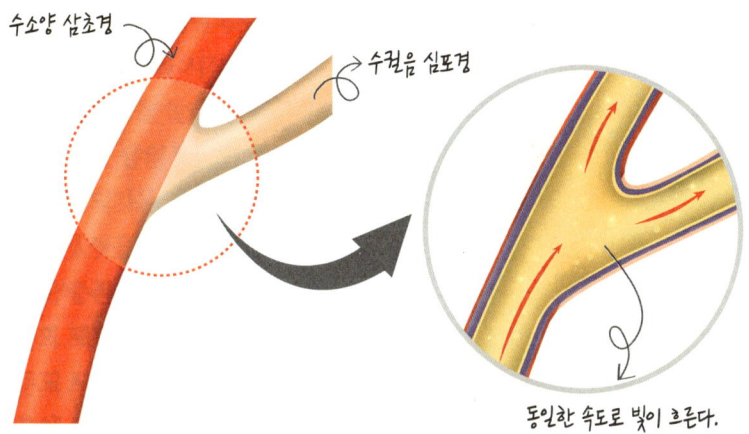

수소양 삼초경
수궐음 심포경
동일한 속도로 빛이 흐른다.

경락의 3중 구조를 단순하게 표현하였음

공변관계(장부상통 = 이중 표리)

경락의 깊이에 따라 같은 층에 위치하며 서로 직접 통하여 에너지 건강 상태가 동시에 함께 변하는 에너지 교환 관계.
리(裏)층의 궐음-양명, 반표반리(半表半裏)의 소음-소양, 표(表)층의 태음-태양 경락에서 손쪽(수手-) 경락과 발쪽(족足-) 경락이 반대로 한 쌍을 이룸(예: 족궐음 간경-수양명 대장경). 간-대장, 심-담, 비-소장, 폐-방광, 신장-삼초, 심포-위의 관계

교회혈(交會穴)

2개 이상의 경락이 교차하여 만나는 지점의 경혈

공변(共變)관계인 경락의 세부 모형도

공변관계(장부상통臟腑相通)✤의
오장과 육부는 서로 경락으로 연결되며
그림과 같이 연결되는 모양이 나타나는데
이것을 장부상통이라 하고
이중 표리(二重 表裏)관계라 하며
침술에서 말하는 교회혈(交會穴)✤의 한 형태입니다.
공변관계의 경락이 서로 교회하는 지점의
모양과 특성은 다음과 같습니다.

※ 상통관계일 때 교회혈의 모습

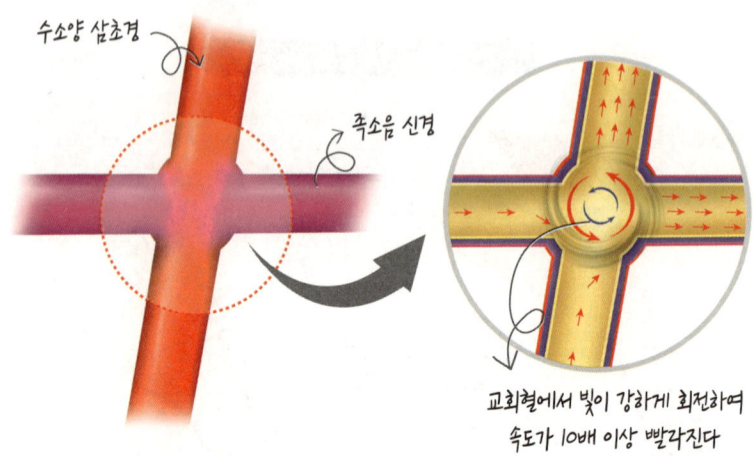

수소양 삼초경
족소음 신경

교회혈에서 빛이 강하게 회전하여
속도가 10배 이상 빨라진다

상통관계 경락의 2중 구조를 단순하게 표현하였음

바이러스의 실체
의식을 가진 생명체

바이러스는 생명체입니다.
생명체는 의식을 가지고 있습니다.
의식을 가진 생명체이기에
생각이 있으며 사고를 하고
감정과 감각을 가지고 있습니다.
의식을 가진 생명체이기에 바이러스는
대우주의 전체의식 속에서 공명하고 있으며
대우주의 시스템 속에서 진화하고 있으며
천상정부의 시스템 속에 존재하고 있으며
하늘의 완전한 통제 속에 있습니다.

바이러스 역시
의식을 구현하는 시스템을
하늘로부터 부여받아
대우주의 생명 순환 시스템 속에 있습니다.
하늘의 허락 없이는
하늘의 계획과 프로그램 없이는
바이러스 단독으로 생명체에 들어가
활동할 수 없습니다.
이것이 바로 대우주의 법칙이며
이것을 우주에서는 전체의식이라고 합니다.

바이러스는 생명체이며
바이러스는 의식을 가진 존재이기에
인간의 몸에 기생하여 활동할 때는

인간의 몸에 투입된 목적대로
인간의 몸에서 자신의 분열 속도나
질병이 발병되고 진행되는 세부 사항들이 모두
하늘의 정교한 프로그램 속에서 집행되고 있습니다.

바이러스 역시 빛의 일꾼들처럼
자신의 임무와 역할 속에서 봉사하고 있으며
대우주의 생명 순환 시스템 속에 존재하면서
진화하고 있는
의식이 있는 존재들입니다.
바이러스는
인간에 몸에 투입되어 봉사할 때
인간의 몸이 느끼는 고통을 같이 느낍니다.
인간의 의식을 공유하며
인간의 감정을 함께 느끼고
인간의 사랑 또한 함께 느낄 수 있는 생명체입니다.

바이러스와 세균은
인간의 눈높이에서 보면
불편한 존재이거나
불필요한 존재로 느낄 수 있겠지만
대우주의 생명 순환 시스템 속에서
자신의 임무와 역할이 있으며
꼭 필요한 존재들입니다.

지구 차원상승 과정에서
단세포 생명체인 바이러스에 의해
많은 인류들이 생명을 잃게 될 것입니다.
카르마를 해소하는 과정이며

죽음으로부터 오는 인류의 고통과
두려움을 최소화하기 위해
하늘이 인류를 위해 배려한 프로그램이
괴질 또는 바이러스 난입니다.
바이러스를 항바이러스제로 치료하던
현대의학의 성과는
지금까지는 놀라운 것이었습니다.
현대의학이 거둔 최고의 성과이자
현대 과학기술 문명의 위대한 측면입니다.
이제 대규모 재난과 함께 인류의 운명은
하나의 세포로 되어 있는 바이러스 때문에
많은 고통이 시작될 것입니다.

바이러스는 암세포와 같이
우리 몸과 공존하면서 진화되어 왔습니다.
인간의 면역체계가 정상으로 작동되는 동안은
크게 문제가 되지 않았습니다.
그러나 앞으로 다가올 시기는
대재난의 시기이며
하늘이 준비한 재난이며
행성의 문명이 종결되는 시기입니다.
광자대*의 영향으로 인한
인간의 면역체계들의 붕괴 과정이 이미 시작되었으며
재난과 함께 그 임계점을 넘어갈 것입니다.
재난과 함께 주변의 위생 상태가 급격히 나빠지고
집단생활을 하기 시작하면서
면역체계의 붕괴가 가속화될 것입니다.
식량난으로 인한 배고픔과 추위는
면역체계의 붕괴를 가속화시켜

> 광자대
> 18차원 17단계 창조주인 무한영의 신성의 빛이 고밀도로 압축되어 있는 빛의 띠. 광자대를 통과하는 동안 인체의 DNA구조, 차크라 체계, 세포 진동수 등의 변화가 일어남. 지구는 2012년 12월 22일부터 광자대에 진입하여 빛이 유입되고 있으며 시간이 지남에 따라 유입되는 빛의 진동수가 점점 상승하고 있음

어떠한 항생제도 듣지 않을 것입니다.

바이러스 역시
하늘에 의해
완전한 통제에 의해 존재하는
의식이 있는 생명체입니다.
자신의 임무와 역할을
정확히 알고 투입된 최정예 군인처럼
하늘의 계획대로
살릴 사람은 반드시 하늘이 살릴 것이며
죽을 사람은 반드시 하늘이 죽게 할 것입니다.
하늘의 맨얼굴들을 인류들은
체험하게 될 것입니다.
귀신은 믿어도
자신의 내면에 존재하는
영혼의 존재를 믿지 못하는
너무나 물질화된 세상 속에서
하늘을 잃어버린 인류들의
가슴속에서 잃어버린 하늘이 되살아날 때까지
바이러스의 공격으로 인하여
참 많은 인류들이 목숨을 잃게 될 것이며
현대의학은 속수무책으로 무너져 내릴 것입니다.

현대의학의 모든 의료체계가 무너질 것입니다.
인류가 그토록 입으로만 외치던
사랑의 허구성이 드러나게 될 것입니다.
자식이 죽어 가는데 감염이 두려워
부모가 자식을 포기하게 될 것입니다.
부모가 죽어 가는데 감염이 두려워

자식이 부모를 외면하게 될 것입니다.
환자에게 감염될까봐
병원의 의료진들이 진료를 거부할 것입니다.
자식이 죽어도 장례식을 치르지 않을 것이며
부모가 죽어도 장례식장에 오는
자녀들이 아무도 없을 것입니다.
오직 살기 위해
오직 살아남기 위해
입으로만 외치던 사랑의 허구성들이
종교인들의 허구성들이
지도자들의 허구성들이
재난 앞에 바이러스 앞에
속수무책으로 무너져 내릴 것입니다.

바이러스는 의식이 있는 생명체입니다.
인간의 몸에 이미 들어와 있는 바이러스는
인간의 의식 상태에 따라
사랑과 자비와 연민의 마음을 느끼며 활동하는
의식이 있는 생명체라는 것을
인지하는 인자만이 살아남을 수 있을 것입니다.
이미 모든 인간의 몸에는 어떠한 형태로든
언제든 바이러스는 침투가 가능하며
활동을 개시할 수 있습니다.
바이러스를 치료하기 위해
인류는 항바이러스제와 백신을 생산하기 위해
최선을 다할 것이지만
크게 성공을 거두지는 못할 것입니다.
하늘이 준비한 재난입니다.
행성의 물질문명을 종결짓기 위해

하늘이 준비한 재난입니다.
인재(人災)가 아닌 천재(天災)이며
그동안 해왔던 방식의 대응책으로는
아무런 효과가 없을 것입니다.

바이러스는
의식이 있는 존재임을 인정하고
인류의 가슴에서 잃어버린 신성을 회복하고
인류의 가슴속에서
잃어버린 하늘이 되살아나야 합니다.
인류의 가슴속에서
순수한 마음이 되살아나야 합니다.
인류의 가슴속에서
조건 없는 사랑과 자비와 연민이 되살아나야
물러날 것입니다.
인류의 가슴속에서
보이지 않는 세계가 있음을
보이지 않는 하늘이 있음을
인류들이 알아채고 눈치챌 때까지 결코
인간의 몸에서 물러가지 않을 것입니다.
인간의 몸에 들어와 있는 바이러스는
대우주의 전체의식 속에서 살아가고 있는
의식이 있는 생명체임을 잊지 마시기 바랍니다.
대우주를 움직이는 대원칙은 바로
사랑입니다.
인류가 사랑의 본질을 배울 때까지
인류가 사랑을 배워 바이러스까지도
사랑으로 감싸고 품어 줄 수 있을 때까지
결코 바이러스는 물러가지 않을 것입니다.

바이러스를 물러가게 하는 유일한 해결책은
모든 것을 내려놓고 하늘에 순응하는 일이며
이기심을 내려놓고 타인을 배려하는 일이며
조건 없는 사랑을 회복하고
잃어버린 하늘을 가슴속에서 회복할 때까지
물러서지 말라고
인간의 몸에서 나올 수 없도록
하늘에 의해 프로그램되어 투입된
하늘의 일꾼이 바로
바이러스의 실체인 것입니다.
인류가 사랑의 본질을 회복할 때까지
인류가 이기심을 버리고
잃어버린 전체의식을 회복할 때까지
착한 사람들이 될 때까지
하늘 무서운 것을 알 때까지
잃어버린 하늘이
인류의 가슴속에서 살아날 때까지
인류를 벼랑 끝으로 몰고 갈
하늘의 일꾼들이자
훈련 조교 역할을 할 것입니다.

바이러스의 전체의식과의 소통 속에서
바이러스와의 대화 속에서
우데카 팀장이 이 글을 기록을 위해 남깁니다.

인류들의 건승을 빕니다.

불치병과 난치병이 치유되는 원리

하늘의 계획이 있기에
땅에서의 펼쳐짐이 있습니다.
눈에 보이는 세계는
눈에 보이지 않는 세계의 원리에 의해
결정된 이후에 땅에서 펼쳐지는 것입니다.

인간의 현대의학으로 치료가 어려운
난치병과 불치병 또한
보이지 않는 세계에서
보이지 않는 하늘에 의해
계획과 결정이 먼저 이루어진 후
인간의 몸에 난치병과 불치병으로
나타나는 것입니다.
난치와 불치의 병이 생기는
보이지 않는 세계에서의 법칙들은
다음과 같습니다.

1. 영혼의 진화 과정상 발생한
   공적 카르마❖의 해소 과정에서 발생합니다.

2. 윤회 과정 중
   자유의지의 남용으로 인한
   개인 카르마를 해소하는 과정에 발생합니다.

3. 경락의 흐름을 막는 경락 봉인❖이나

카르마(karma, 업業)
삶을 사는 동안 다른 사람의 자유의지를 침범한 결과로 영혼 간에 얽혀 남아 있는 에너지 불균형 상태.
하늘의 프로그램에 의한 공적 카르마와 자유의지 남용에 의한 개인 카르마로 구분됨. 인연법에 따라 본인의 카르마는 또 다른 윤회의 삶에서 스스로 풀어야 하는 것이 우주의 법칙임

봉인(封印)
'밀봉하여 도장을 찍는다'는 뜻으로 하늘이 인간의 능력과 에너지를 축소·제한하는 것

오장 육부의 기능을 저하시키는
인간의 눈에는 보이지 않는
에너지 막을 설치하여
기혈의 흐름을 차단시키는
장부 봉인에 의해 발생됩니다.

4. 임맥❖ 상에 있는
   감정을 조절하는
   12개의 에너지선들을 통해
   감정장애나 정서장애가 발생하게 됩니다.
   임맥 상에 존재하는 12개의 감정선들이
   작동되지 못하도록 봉인이 되어 있거나
   불능 상태로 있는 경우가 많습니다.

5. 독맥❖ 상에 있는
   의식을 조절하는
   7개의 에너지선들을 통해
   지능을 조절하고
   의식 상태의 수준을 조절합니다.
   대개 난치병과 불치병 환자들은
   임맥과 독맥 상에 봉인이 많이 되어 있으며
   현대의학으로는 발견할 수 없는
   인간이 태어날 때 설치한
   눈에 보이지 않는 봉인들로 인하여
   장부의 기능들이 원활하게 작동하지
   못하도록 되어 있습니다.

6. 하늘의 정교한 프로그램에 의해
   귀신들이나 어둠의 천사님들이 들어와서

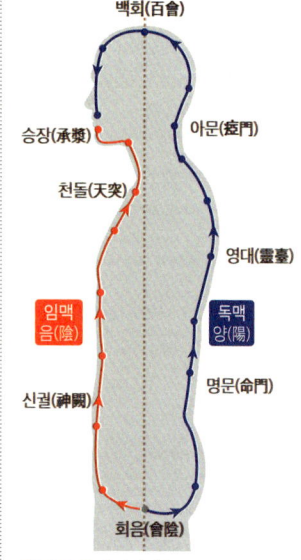

임맥과 독맥의 순환

임맥(任脈)
항문과 성기 사이의 회음(會陰)에서부터 승장(아랫입술 아래)까지 신체의 앞 정중앙을 거쳐 몸 안으로 흐르는 경락

독맥(督脈)
회음에서부터 척추중앙선을 따라 위로 올라가 목과 머리 정수리를 넘어 인중을 거쳐 몸 안으로 흐르는 경락

기혈(氣血)을 막고 있는 경우가 있습니다.
인간의 몸에 귀신이 들어오고 나가는 것도
하늘의 완전한 통제 속에 있으며
하늘의 승인이 없이는
귀신이나 사탄(어둠의 천사*님) 또한
인간의 몸에 함부로 들어올 수도
나갈 수도 없는 것이 영계*의 법칙이자
우주의 엄격한 법칙입니다.

7. 경혈(經穴) 하나 열리고 닫히는 것조차도
경락이 열리고 닫히는 것조차도
하늘의 완전한 관리와 통제 속에 있으며
하늘이 설치해 놓은 봉인들은
인간의 과학기술과 의지로는
해결 불가능한 영역입니다.
특수한 경혈들에
빛 한 줄기 들어오고 나갈 수 없도록
경혈들이 봉인되어 있는 경우도 있습니다.

8. 영혼의 진화 과정상
장애인의 체험이 필요한 경우
장애의 수준을 하늘에서 결정하게 됩니다.
하늘에서 결정된 장애의 수준에 따라
인간의 몸에는 다양한 방법으로
경락 봉인과 장부 봉인을 설치하게 됩니다.

9. 하늘의 승인이 없이는
바이러스나 세균조차도
인간의 몸에 크게 영향을 줄 수 없으며

어둠의 천사
어둠의 배역을 맡은 천사님으로 천마(天麻)라고도 함. 주로 6~8차원에 거주하며 5차원의 귀신보다는 높은 우주적 신분과 파워를 갖고 있음. 사탄은 5차원 어둠의 천사

영계(靈界)
18차원 우주를 기준으로 4차원 지구에 살고 있는 아바타들의 1차 상위자아(영靈)들과 가이드천사, 어둠의 천사, 귀신들이 존재하는 5차원 세계로 천계(天界), 사후세계라고도 함

정상적인 면역체계 내에서
해결될 수 있도록 되어 있습니다.
인간의 면역체계 이상이나
각종 암들조차도
카르마 해소와 삶의 프로그램을
진행하기 위한
하늘의 계획과 완전한 통제 속에 있습니다.

난치병과 불치병의 치유를 결정하는
보이지 않는 세계에서의 절차는
다음과 같습니다.

1. 카르마와 관련해서 생긴 질병들은
   카르마위원회*(11차원)의 승인이 있어야
   각종 장부에 설치된 봉인과
   경락에 설치된 봉인들을 풀 수 있습니다.

2. 인지장애나 발달장애의 질병들은
   의식을 구현하는 메타 의식구현 시스템*과
   독맥에 존재하는 7개의 의식을 조절하는
   코드들에 정상화 작업이 이루어져야 하는데
   천상정부(7차원)의 승인이 있어야 합니다.

3. 눈에 보이지 않는 세계에서의 치유는
   겉으로는 인간이 하는 것처럼 보이지만
   실제로는 하늘에서 일하는 것이며
   인간의 눈에 보이지는 않지만
   치유에 관련되는 하늘의 존재분들은
   세 가지 에너지체들입니다.

카르마위원회
영이 물질 체험을 하며 발생한 카르마에 따라 프로그램을 조율하고 설계하는 카르마 관리 기관.
환생위원회와 함께 물질세계의 총괄 관리 시스템이 있는 11차원에 존재함

메타 의식구현 시스템
생명체의 의식을 구현하는 시스템의 통칭이며, 여기서는 휴머노이드형 인간의 메타 휴머노이드 의식구현 시스템을 말함.
인간이 자기의 생각과 감정이라고 인지하고 느끼는 것들은 무의식에서 잠재의식으로 올라와 현재의식으로 발현된 것이며, 하늘에서 각각의 의식의 영역에 정보를 활성화시키며 관찰하고 조절하는 방식으로 의식이 구현됨

요정(妖精, fairy)
만물에 깃들어 있는 정령 에너지로 물의 요정, 바람의 요정, 꽃의 요정 등 다양한 요정이 있음.
경락 차크라 치유 시 경락의 표면을 깨끗하게 청소해주는 역할을 함

용(龍, dragon)
보이지 않는 세계에 실재하고 있는 에너지체로 고차원의 영혼들에게 주로 배속되어 에너지 정화, 물리적 사고와 충격 등으로부터 아바타를 보호 등의 역할을 함.
경락 차크라 치유 시 경락의 기의 통로를 복구하며 에너지 소통을 원활하게 함

라파엘 그룹
15천사 그룹의 하나로 천상의 의사 그룹.
경락 차크라 치유 시 주로 장부와 빛의 통로를 담당하며 전체적인 치유를 총괄함

4. 요정✤님들과 용✤분들과
   하늘의 의사 역할을 맡고 계시는
   라파엘 그룹✤ 소속의 천사님들에 의해
   치유가 실제로 이루어지고 있습니다.

난치병과 불치병이 치유되는 것은
하늘이 권능을 부여한 인자만이
그 역할을 수행할 수 있습니다.
지구 차원상승 과정에서
빛의 일꾼 144,000명 중
그러한 일을 하기로 예정된
역할자와 사명자들에게는 이러한
치유 권능들이 하늘로부터 주어질 것입니다.

보이지 않는 세계를 믿게 하기 위해
보이지 않는 하늘을
보이는 하늘로 보여 주기 위해
인간과 하늘 사이의 간격을 좁히기 위해
빛의 일꾼들의 원활한 임무 수행을 위해
하늘의 치유 권능들이
하늘의 좁은문을 통과한 인자들에 한해
하늘로부터 부여될 것입니다.

지구 차원상승 과정에서
물질문명이 종결되는 참혹한 현실 속에서도
지축 이동이 일어나는
한치 앞도 보이지 않는
생과 사의 갈림길에서 인류들은
하늘이 준비한 빛의 일꾼들을 통해

수많은 이적과 기적이 일어나는
치유의 순간들을 경험하게 될 것입니다.

2천 년 전 예수님이 행했던
병 치유의 기적 역시
이러한 절차들 속에 진행된 것이며
하늘의 계획이 집행되었던 것입니다.
하늘에 치유의 인연이 있는 인자들을 대상으로
불치병과 난치병들이 치유되는
치유의 기적들이 있을 것입니다.

빛의 일꾼들에게 주어지는 치유의 능력은
차크라의 개통과 함께
경락 차크라 치유의 원리를 알고 있거나
경락 차크라 치유를 공부한 인자들 중에
하늘의 좁은문을 통과한
빛의 일꾼들에게 주어질 것입니다.

그렇게 될 것이며
그렇게 예정되어 있으며
그렇게 되었습니다.

경락 차크라 치유의 특징

경락 차크라 치유를 대중화하고
경락 차크라 치유의 원리를
대중들의 눈높이에서 설명한다는 것은
한계가 있습니다.
눈에 보이지 않는
차크라의 빛과 하늘의 빛을 이용하여
인간의 몸을 치유한다는 것 역시
지금의 인류의 의식 수준에서는
근본적인 한계가 있습니다.

경락 차크라 치유는
경락의 존재를 믿어야 하며
차크라가 존재한다는 것을 믿어야 하며
차크라가 열려야 치유를 행할 수 있으며
영안*이 열려 경락을 통해
차크라의 빛으로 치유되는 모습을
치유자가 볼 수 있어야 하며
믿음과 확신이 강할 때
치유의 효과가 나타날 수 있기 때문입니다.

치유를 받는 사람 역시
보이지 않는 세계를 믿어야 하며
치유자와의 정신적인 교감 속에 있어야
치유의 효과가 나타날 수 있습니다.
치유를 진행하는 사람과

영안(靈眼)
영적으로 살펴볼 수 있는 눈.
보이지 않는 세계의 빛과 형상을 볼 수 있는 능력

치유를 받는 사람 간에 정서적 교감이
아무리 잘 이루어진다고 할지라도
치유가 되고 안되고는
보이지 않는 하늘의 의지에 달려 있습니다.

겉으로 보면
치유자의 능력처럼 보이고
치유자의 권능처럼 보이지만
보이지 않는 세계에서의 본질은
하늘의 승인에 의해서
하늘의 도움에 의해서
하늘의 의지에 의해서
하늘의 계획에 의해서
치유를 받는 사람의 치유 정도가
진행되기 때문입니다.

겉으로 보면
세상의 눈높이에서 보면
치유자의 능력처럼 보이고
치유자의 권능처럼 보이지만
보이지 않는 세계에서의 본질은
치유자는 하늘의 빛의 통로로서의
역할만이 있을 뿐이라는 것입니다.
치유자는 하늘의 빛의 통로로서의 역할에
최선을 다하고
정성을 다하면 되는 것입니다.
이것이 경락 차크라 치유가 갖는 장점이자
치명적인 단점입니다.

하늘은 살릴 사람은 어떠한 경우에도
반드시 그를 구할 것입니다.
하늘의 빛의 통로로서
내가 누군가를 위해 도움을 줄 수 있다는
그 자체만으로
하늘에 감사할 수 있는 인자들에 한해
경락 차크라 치유를 할 수 있는 권한이
하늘로부터 주어질 것입니다.

보이지 않는 하늘을 믿으며
보이지 않는 세계의 주관자인 하늘을 믿으며
하늘이 일하는 방식을 이해하고 있는
인자들 중에
자만과 교만을 버리고
빛의 일꾼으로서
빛의 통로로서
자신의 임무와 역할을 충실히 할 수 있는
인자들에게만 하늘의 좁은문이 열릴 것입니다.

경락 차크라 치유는
아무나 할 수 있는 것이 아닙니다.
보편적이고 합리적인 방식으로 치유하는
3차원의 치유법이 아닙니다.
하늘에 대한 믿음 없이는
보이지 않는 세계에 대한 믿음 없이는
한 걸음도 나아갈 수 없는 길입니다.
과학적으로 설명할 수도 없으며
과학적으로 증명할 수도 없는
참 어렵고 힘든 길입니다.

하늘에서 맺은 것은
땅에서 풀어져야 합니다.
아무도 모르게 아무도 모르게
하늘이 할 수도 있습니다.
하늘이 해야 하는 일들을 대신하여
빛의 통로 역할을 하는 누군가가 필요한데
그 역할을 하는 것일 뿐입니다.

지금 세상에는 영적 능력을 쓰고 있는
치유자들이 많이 있습니다.
자신에게 하늘이 준 선물로 알고 있으며
자신의 기도와 수행의 대가로
하늘이 능력을 준 것이라 믿고 있으며
자신의 선업과 공덕으로 받은 것이라 믿으며
치유의 원리도 모르는 채
하늘이 일하는 방식을 모르는 채
자신의 능력인 양
자신의 권능인 양
치유의 권능을 사용하거나 남용하시는
분들이 많이 계십니다.

경락 차크라 치유는
하늘의 빛의 통로로서
차크라를 열고
차크라의 빛으로
인류의 고통을 치유하고
인류의 고통을 함께 나누기 위해 준비되어 있는
역할과 임무가 있는 인자들에게만 주어지는
치유 능력이자 치유 기술입니다.

하늘의 입장에서 보면
쉬운 병도 없으며
어려운 병도 없습니다.
하늘의 입장에서는 불치병과 난치병이 없습니다.
하늘에서 맺힌 매듭을 땅에서 풀어줄
누군가가 필요한 것이며
대우주의 법칙에 맞아야
하늘도 치유를 진행할 수 있기 때문입니다.

지금은
지구 차원상승을 위한 격변의 시대입니다.
물질문명이 종결되는 시기이며
대자연의 격변을 앞두고 있는 시기이며
새로운 정신문명에 걸맞는
의학의 패러다임이 소개되는 시기입니다.
하늘의 빛의 통로를 위해
하늘이 준비한 인자들의
경락 차크라 치유에 인연이 있는 인자들의
많은 참여를 바랍니다.

사람의 마음을 얻기는 정말로 어렵습니다.
하늘의 마음을 얻기는
하늘의 별따기만큼 어렵습니다.
사람의 마음을 얻을 수 있으며
하늘의 마음을 얻을 수 있는
준비된 인자들에게만
하늘의 좁은문은 열릴 것입니다.

소주천과 연정화기

소주천(小周天)은 수행자들 사이에서
많이 회자되고 있는 이야기입니다.
소주천을 열겠다고
소주천이 열렸다고
소추천을 열고 이미 대주천(大周天)이 열렸다고
말하는 수행자들이 있습니다.
소주천을 이해하기 전에 먼저
선행적으로 알아야할 기본적인 지식들이 있는데
다음과 같습니다.
연정화기(練精化氣)
임맥(任脈)과 독맥(督脈)의 순환을 이해해야 합니다.

수행자들 사이에서
명상이나 주문 수행을 통해
도인법(導引法)을 통해
호흡 수련을 통해
참선(參禪)을 통해
우리 몸의 3가지 보물인
정·기·신(精氣神) 중
정(精)을 축정하여 뇌로 보낸다는
환정보뇌(還精補腦)가 있습니다.
도가의 수행법을 기록한
내단학(內丹學)❖에서는
성욕을 자제하여 정액을 아껴
뇌로 보낸다는 것이 환정보뇌입니다.

> **내단학(內丹學)**
> 자력적 내적 수련에 의한 공행(功行)을 쌓음으로써 천지 운행의 법칙을 따라 몸 안에 음양의 조화를 도모하며 몸에 단을 형성하여 장생불사(長生不死)하려는 수련법

수행을 통해 정을 기로 바꾸는 연정화기(練精化氣)
수행을 통해 기를 신으로 바꾸는 연기화신(練氣化神)
이와 같이 수행자들 사이에서 내려오는
전설적이며 전통적인 방법들이 있습니다.

호흡 수련을 통해
기공(氣功) 수련을 통해
참선과 명상을 통해
단전(丹田)에 단(丹)을 형성하려는
다양한 수행법들이 전해져 오고 있으며
각자의 인연법에 따라 수행을 해오고 있습니다.
수행자들의 궁극적인 목표가 있는데
마음을 청정하게 하여 마음의 편안함을 얻고
해탈이나 깨달음을 얻는데 있으며
몸을 통해서 이루려는 궁극적인 목표는
소주천과 대주천을 열어
신통력(神通力)이나 신비한 능력을 얻는 것이며
깨달음을 얻기 위한 과정으로서
몸과 마음을 동시에 수행해야 한다는
생각과 의식들이 있었습니다.

인간의 몸은
눈에 보이지 않는 정·기·신이라는
정교한 시스템이 작용하고 있으며
우주의 최첨단 생명 공학기술들을
집약시켜 탄생한 최첨단 모델이
호모 사피엔스의 몸입니다.
인간의 몸의 회로도는
기존에 밝혀진 경락 이론이

30% 정도를 차지하고
70% 정도는 밝혀지지 않았습니다.

눈에는 보이지 않지만 경락과는 자원이 다른
생명을 유지하는
생명순환회로들이 있으며
생명에 의식을 부여하는 수많은 회로들이
휴대폰의 전자 회로보다 더 복잡한
생명 회로들이 존재하고 있습니다.
눈에 보이지 않는 세계를 본다는 것은
하늘이 허락한 정보만을 열람할 수 있다는 것을
의미합니다.
이제는 시절인연이 되어 우데카 팀장이
인간의 몸과 관련된
보이지 않는 세계의 진실을
다음과 같이 기록으로 남깁니다.

심장의 박동이 시작됨과 동시에
음의 순환 시스템인 혈액의 순환이 시작되며
양의 순환 시스템인 경락의 순환이 시작됩니다.
비지대락(脾之大絡)은
독맥 순환을 이루는 기초가 되며
위지대락(胃之大絡)은
임맥 순환을 이루는 기초가 되며
우리 몸에 흐르는 12경락들 중
양 경락은 독맥에 연결되어 있으며
음 경락은 임맥에 연결되어 있습니다.
임맥과 독맥의 순환은 모든 경락 순환의 기초이자
핵심적인 역할이 있습니다.

승장(承漿)
P. 105 임맥과 독맥의 순환 그림 참조

회음에서 출발하여
등쪽의 척추뼈 중앙선을 따라 머리 정수리를 지나
인중을 통과하는 독맥이 있으며
회음에서 출발하여
복부의 정중선을 따라 배꼽(신궐神闕)을 지나
승장(承漿)*에 이르는 임맥이 있습니다.
위지대락과 비지대락을 통해
음식물에서 흡수한 정(精)을
임맥과 독맥의 순환을 통해
12경락으로 공급하는 역할이 있습니다.

임맥과 독맥이 12경락에 정을 공급하고
인중과 승장에서 순환을 마치고 나면
임맥의 빨강색의 경락과
독맥의 파란색의 경락이
입안으로 나란히 들어가서
편도가 있는 위치에서
하나의 투명한 관으로 합쳐집니다.
투명한 관 입구에서 미세한 정의 입자를
입자가 큰 기(氣)의 입자로 응집시키는
무형의 장치에 의해
음식물을 통해서 흡수된 정은 기로 전환됩니다.
여기에 피부 호흡으로 들어온
인체 외부의 기와
호흡을 통해 기관지와 폐로 들어온
외부의 기가 세맥(細脈)들에 의해
투명한 관으로 연결되어
단전으로 축기가 이루어집니다.
연정화기를 주관하는 장기는 폐(肺)입니다.

단전에 쌓이는 기는
음식물의 정이 12경락을 통해
순환되고 남은 정이 기로 전환된 것이
70% 정도를 차지하고
30%는 피부 호흡과 폐 호흡을 통해 들어온
외부의 기에 의해 형성됩니다.
위기(衛氣)와 영기(營氣)의 순환을 통해
공급된 정 역시 경락의 순환을 통해
5장 6부와 인체 곳곳에 공급하고
남은 정들은 기로 전환되어
단전에 쌓이게 됩니다.

연정화기는 인간이 노력하지 않더라도
인간의 생명의 순환 시스템에 의해
자동적으로 이루어지고 있으며
인간은 단전에 있는 기를 사용하며
살아가고 있는 것입니다.
호흡 수련이나 기공 수련이나 도인법들은
자연스럽게 이루어지고 있는
연정화기가 더 잘 이루어지도록 하고
경락의 흐름들이 막히지 않도록 하는 데 있습니다.

소주천이란
연정화기를 이루는 기초가 되는
임맥과 독맥의 순환이 정상적으로 이루어지고
그와 함께 12경락의 순환 시스템이
원활하게 이루어지는 상태를
도가적으로 표현한 것입니다.

임맥과 독맥의 순환이 잘될수록
정이 기로 전환되어 단전에 축기가
원활하게 이루어지게 됩니다.
일반적인 상태에서 이루어지는
축기를 가지고는 일상생활을 하는데
사용하기에도 부족합니다.
이것을 알고 있던 인류들은
수행을 통하여
호흡 수련을 통하여
기공 수련을 통하여
연정화기를 하는 양생법(養生法)을 연구하고
연정화기를 하는 수행법들을
찾게 되었던 것입니다.

일상생활을 하는데 필요한 기의 생성은
섭취하는 음식물의 양과 질에 따라 다르며
임맥과 독맥의 활성화에 따라서 다르게 됩니다.
임맥과 독맥의 순환은
건강한 사람이 40% 이상 활성화되어 있으며
수행을 한 사람은 60%까지 활성화되는 것이
일반적입니다.
임맥과 독맥의 순환이 90% 이상 활성화되어야
소주천이 열렸다고 하는 것입니다.

임맥과 독맥의 순환력이 90% 활성화되는
소주천이 열리기 위해서는
축기를 통해 단전에 핵(核)의 씨앗이
먼저 형성이 되어야 하고
핵의 씨앗이 지속적인 수행을 통해

단전의 핵으로 발전을 해야 합니다.
단전의 핵은
핵의 크기와
핵에서 발산하는 빛의 밝기에 따라
1단계부터 12단계까지 존재하며
실제로 영안이 열리신 분들은
보실 수 있을 것입니다.

소주천이 온전히 열렸다는 기준은
12단계의 빛을 발산하는 단전의 핵을
최소한 5개는 가지고 있어야 합니다.
소주천이 열렸다는 것은
신비 체험을 하고
눈에 보이지 않는 빛을 보고
신통력이 생긴 것과는 큰 연관성이 없습니다.
소주천이 열렸다는 것은
임맥과 독맥이 온전하게
자기 기능을 수행한다는 것을 의미하며
12경락의 순환이 막힘없이
원활하게 이루어지는 것을 의미하며
우리 몸이 경락을 통한 기 순환이
좋아지고 빨라진 것을 의미합니다.

소주천이 열렸다는 것은
몸의 진동수가 높아졌다는 것을 의미하며
경락을 통한 기의 순환이 빨라졌을 때
몸에서 일어나는 반응들은
몸이 가벼워지고
부정적인 생각들이 사라지고

긍정적인 마음의 상태들이 유지되며
기감(氣感)과 감각의 감수성들이 높아지면서
몸을 통한 신비로운 체험을 하게 합니다.
도가에서 말하는 평민(平民) ⇨ 현인(賢人)
⇨ 성인(聖人) ⇨ 지인(至人) ⇨ 진인(眞人) 중
소주천이 열리신 분들은 지인의 경지에
이른 분으로 비유할 수 있습니다.

소주천이 열리기 위해서는 먼저
우리 몸에 있는 12차크라 중 최소한
임맥선 상에 있는 7개 차크라가 열려야 하며
단전에 12단계의 빛을 내는 핵이
5개 이상이 있어야 하며
단전의 핵은
인간의 의지로 만들 수 있는 것이 아니며
보이지 않는 하늘에 의해
단전의 핵의 씨앗이
단전에 심어지고 뿌려져야 가능한 것입니다.
소주천이 열린다는 것은
인간의 의지에 의해
인간의 노력으로만 되는 것이 아닌
하늘의 뜻과 의지가 있어야만 가능한 것입니다.
수행 중에 소주천이 열렸다고 하는 것은
대부분의 경우 다음과 같은 경우입니다.

12차크라 중 일부가 잠시 열리는 경우는
몸이 가벼워지고 빛을 보기도 하지만
차크라가 닫히면 원상태로 돌아갑니다.
4차원의 기감을 체험하는 경우

수행 중에 보이지 않는 세계의 에너지를
몸으로 잘 느낄 수 있도록
하늘이 에너지선들과 감정선을 조절할 경우
소주천이 열린 것으로 착각하게 됩니다.
소주천이 열리기 위해서는
최소 5가지 조건이 있음을 우데카 팀장이 전합니다.

첫 번째, 하늘의 의지와 뜻이 있어야 합니다.
두 번째, 12차크라 중 임맥 상에 있는
　　　　 7개 차크라가 온전하게 열려야 합니다.
세 번째, 몸에서 빛이 발산되어야 합니다.
네 번째, 단전에 빛이 발산되는 핵(核 단丹)이
　　　　 최소 5개는 되어야 합니다.
다섯 번째, 12단계 미만의 빛을 발산하는 핵이나
　　　　 5개 미만의 핵(단)은
　　　　 소주천을 열지는 못하지만
　　　　 몸의 순환력을 높여주고
　　　　 기의 순환력과 축기를 돕고
　　　　 정신력이 높아지게 하며
　　　　 의식의 확장을 가져오는데
　　　　 큰 영향을 미칩니다.
　　　　 수행이 필요한 이유가 여기에 있습니다.

소주천을 열고자 하는
수행자 분들의 건승을 빕니다.

대주천과 양신 : 진인의 탄생

소주천이 열렸다는 것은
임맥과 독맥의 순환력에 의해
12경락이 활성화되며
인체 내에서 연정화기의 시스템이
활성화된다는 것을 의미합니다.
임맥과 독맥이 90% 이상 열리고
12경락 순환이 90% 이상 열리고
연정화기가 가장 활발하게 이루어질 때를
소주천이 열렸다고 말할 수 있습니다.

정·기·신(精氣神)은
우리 몸을 이루는 기초인 동시에
세가지 보물입니다.
정(精)이 기(氣)로 변화되는 것은
모든 생명체의 기본적인 순환 시스템입니다.
정은 아주 미세한 입자이며 원소 개념이며
기는 분자 개념입니다.
정과 기는 물리적으로
화학적으로 결합할 수 있으며
에너지체로 존재하면서
생명의 기초를 이루는 눈에 보이지 않는
에너지입니다.
신(神)은 생명에 깃들어 있는
창조주의 고유한 에너지입니다.
자연계의 생명체들에 의해

정(情)은 기(氣)로 변할 수 있지만
기(氣)는 신(神)으로 변화할 수 없습니다.
신은 창조주의 고유한 에너지이며
신에는 생명운반자✢라는
고유한 에너지가 들어있기 때문에
정과 기가 신으로 변할 수 없는 것입니다.
이것은 우주의 기본 법칙이며
생명 창조의 기본 원리이기 때문입니다.

수행자들 사이에서
연기화신(練氣化神)으로 알려져 왔으며
기가 신으로 변할 수 있다는 믿음과 신념들은
신의 개념을 이해하지 못했던
그 당시 인류들의 의식의 한계였으며
기가 빛으로 전환되는 것을
그 당시 언어 표현의 한계와 오류로 인하여
신으로 표현하였을 뿐입니다.
기는 단전의 핵과
기경팔맥(奇經八脈)✢의 기능에 의해
신이 아닌 빛으로 전환되는 것입니다.

연기화신은 명백한 오류이며
우주에서 일어날 수 없는 물리적인 현상입니다.
도가(道家) 문헌에 보이는 연기화신은
그 당시 인류들의 의식의 한계인 동시에
기경팔맥의 역할을 모르는 인자들에 의해
신과 빛을 구분하지 못한 인자들에 의해
마사지된 것이며 오염된 텍스트임을
우데카 팀장이 밝힙니다.

생명운반자
생명체를 탄생시키기 위해 생명조절자 프로그램을 생명체에 깃들게 하는 18차원 15단계 창조주(오메가)의 에너지.
생명체의 기본단위인 세포를 구성하는 정기신(精氣神) 중 신(神)에 해당함

기경팔맥(奇經八脈)
인체 내에서 기(氣)의 순환 속도를 급격히 높여 빛으로 바꾸어주는 역할을 하는 8개의 특수 경맥.
장부와 직접적 관련이 없이 기이한 경락으로 알려져 왔으나, 고유의 기능이 새롭게 밝혀짐.
임맥(任脈), 독맥(督脈), 충맥(衝脈), 대맥(帶脈), 음교맥(陰蹻脈), 양교맥(陽蹻脈), 음유맥(陰維脈), 양유맥(陽維脈)

대주천이 열리는 기전은 다음과 같습니다.
소주천이 열린 인간의 몸은
기의 순환이 빨라집니다.
기의 순환의 속도는
단전에 있는 핵(核 단丹)의 숫자에 비례하게 됩니다.
12단계의 빛을 발산하는
단전의 핵이 8개에 도달하면
기의 속도가 더욱 빨라지면서
기가 빛으로 변하는 임계점을 지나게 됩니다.
기가 빛으로 변하는 지점의 위치는
우리 몸에 있는 기경팔맥에서 일어납니다.
기경팔맥에 있는 무형의 가속 장치는
순환 속도가 임계점을 넘은 기가
기경팔맥을 통과하게 되면
속도가 더욱 가속되면서
빛으로 변하는 역할을 합니다.
이때를 도가에서는
양신(陽神)을 이루었다고 하며
진인(眞人)이 되었다고 하며
대주천이 열렸다고 하는 것입니다.

대주천이 열리는 조건은 다음과 같습니다.
첫 번째, 소주천이 열리는 조건이 충족되고
두 번째, 단전에 12단계의 빛을 내는
　　　　핵이 8개 이상이 되어야 합니다.
세 번째, 기경팔맥이 90% 이상 활성화되어야 합니다.

대주천이 열린다는 것은
양신의 몸을 이루었다는 것이며

수행과 기도로 이루어지는 것이 아닌
하늘의 뜻과 의지에 의해 주어지는 것입니다.
우연하게 진인이 될 수 없으며
수행과 기도로 될 수 있는 것이 아닙니다.

대주천을 주관하는 장기는 심포(心包)이며
미색(아이보리색)이며
기경팔맥을 주관하고 있습니다.
대주천은 마음의 세계입니다.
청정하고 순수한 마음으로만
닿을 수 있는 세계입니다.
하늘의 인연이 있는 인자만이
열 수 있는 문이며
하늘의 일을 수행하는 역할자만이
그 문을 열 수 있을 뿐입니다.

수행자들의 건승을 빕니다.

색즉시공 공즉시색(色卽是空 空卽是色)
생명의 순환 시스템

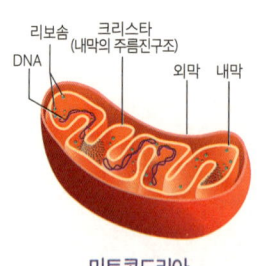

미토콘드리아

녹색 식물은 광합성 작용과
미토콘드리아◆라는 세포 내 소기관을 통하여
대기 중의 무형의 물질(공空)을
유형의 물질(색色)로 창조해 내고 있습니다.

인간(호모 사피엔스)은
미토콘드리아 내에 식물처럼
광합성을 할 수 있는 무형의 장치가
설치는 되어 있으나
지구의 자연 환경에서는 작동하지 못하도록
봉인이 되어 있습니다.
인간은 식물처럼 광합성을 통해
무기물을 유기물의 형태로 생산할 수 있는
시스템이 작용되지 않음으로써
음식(남의 살)을 먹지 않고는 살아갈 수
없는 존재입니다.

인간과 동물은
식물이 무형의 무기물(공空)에서
유형의 유기물(색色)으로 생산해 놓은 것을
음식으로 먹고 이것을 소화 과정을 통해
유기물(색色)을 다시 무기물(공空)로 분해하여
몸의 에너지원으로 사용하고 있습니다.

인간과 동물은 남의 살을 먹지 않고는

살아갈 수 없는 존재입니다.
구조적인 모순으로 인하여
생존을 위한 극단적인 투쟁이 필요했으며
서로가 서로에게 의존하고 있음에도 불구하고
서로가 서로를 위해 희생하고 있음에도 불구하고
지구 행성의 최고의 우점종인 인류들은
이러한 전체의식이라는 시스템에서 벗어나
고마움과 감사함을 잃어버리고
오직 살기 위해
먹는 즐거움을 위해
생명의 기본적인 순환 시스템의
본질을 망각하고 독불 장군의 모습으로
살아가고 있는 것입니다.

생명의 순환 시스템은
공(무형)이 색(유형)이 되는 세계이며
색(유형)이 공(무형)이 되는 세계입니다.
이러한 우주적 진리를
석가모니 부처는 간파하고 있었으며
생명이 생명에 대한 예의와 존중을
자비심으로 표현하였으며
모든 만물에 불성(佛性)이 들어 있다고
진리를 설파하신 것입니다.

지구의 차원상승 후
지구 행성의 에너지가 안정화되어 감에 따라
인류의 의식이
대우주의 전체의식으로 합류되는 시점에서부터
인류와 동물의 세포 내에 있는

미토콘드리아에 장착되어 있는
스스로 에너지를 생산해 낼 수 있는
시스템들이 일부분 작동되어질 것입니다.

지구 행성은
대우주에서 가장 빛나는 별이 될 것이며
새로운 생명의 순환 시스템이 적용되는
행성이 될 것입니다.
인류 역시 최소한의 음식 섭취로
살아갈 수 있는 시대가 올 것이며
동물들 역시 에너지를 스스로 만들어 냄으로써
최소한의 음식만으로도
살아갈 수 있게 될 것입니다.
먹고 살기 위해
생존을 위해 먹어야 되는
먹는 즐거움을 위해 살아야 하는 시대는
이제 인류의 의식이 깨어나는 속도에 비례하여
저물어가게 될 것입니다.

호모 사피엔스보다 더 진화된
과도기 휴머노이드형인
호모 아라핫투스 모델이 호모 사피엔스보다
미토콘드리아의 생산 효율이 높으며
미래 인류인 호모 마이트레야들은
미토콘드리아의 생산 효율이
매우 높아짐에 따라 최소한의 음식만으로도
생존이 가능하게 될 것이며
평균 수명 또한
3천 년 이상 살아갈 것입니다.

먹을 것을 얻기 위해
생존을 위해
삶의 대부분을 보냈던 시간들을
미래의 인류들은
자신의 창조적인 능력을 발휘하고
삶의 풍요로움 속에 자연과의 교감을 즐기며
삶을 살아가게 될 것이며
하늘과의 소통 속에서
하늘과의 교감 속에서
대자연과의 교감 속에서
대우주의 전체의식 속에서
살아가게 될 것입니다.

그렇게 될 것이며
그렇게 예정되어 있으며
그렇게 되었습니다.

호모 사피엔스의 생명회로도 I
경락 편

호모 사피엔스는
우주의 7번째 주기를 열기 위한
휴머노이드형 중 최신형 모델로
우주의 과학기술이 총 집약된 모델입니다.
호모 사피엔스는
심장의 박동에 의해 작동되는
눈에 보이는 혈액 순환 시스템(음)과
눈에 보이지 않는 경락 순환 시스템(양)으로
구성되어 있습니다.

호모 사피엔스는
눈에 보이지 않는 경락시스템이
약 30% 정도를 차지하며
나머지 70%는 경락과는 다른
생명회로도에 의해 운영되고 있습니다.
이러한 복잡하고 다양한 방식에 의해
생명에 의식이 부여되어
창조 활동을 할 수 있도록 창조되었습니다.
우주 진화의 결정체인 동시에
최신 우주 과학기술이 집약되어 탄생한
최신형 모델입니다.

호모 사피엔스의
5장 6부의 생리학적 순환 시스템은
눈에 보이지 않는 생명회로도에 의해

복잡하게 운영되고 있습니다.
인간의 5장 6부는
입으로 들어온 음식물의 소화와 흡수를 거쳐
세포나 조직에 영양분을 공급하는
혈액 순환 시스템을 통해 운영되고 있습니다.
이 혈액 순환 시스템을 보완하고
5장 6부의 장부의 기능을 조율하는
컨트롤 센터 역할을 하는 생명회로도가 있으며
이 생명회로도에 의해
경락의 순환 시스템 또한 관리되고 있습니다.

호모 사피엔스에 설계되어 있는
생명회로도는
가전제품에 있는 전자 회로보다
수백 배 복잡하고 정교하게 디자인되어 있습니다.
생명회로도는 생명운반자에 들어 있는
생명조절자 프로그램에 의하여 운영되고 있습니다.
생명회로도는 백 에너지로 되어 있으며
생명회로도가 하드웨어라면
생명조절자는 소프트웨어라고 할 수 있습니다.

생명회로도와 경락시스템은 연동되고 있으며
생명조절자 프로그램의 내용에 따라
경락시스템이 작동되고 있습니다.
경락은 3중 구조로 되어 있는 것과
2중 구조로 되어 있는 것이 있습니다.
경락을 구성하고 있는 세부적인 내용을 정리하면
다음과 같습니다.

경락은 보통 3중 구조로 되어 있습니다.
자기장의 통로와 빛의 통로가 있으며
가장 안쪽에 음식물의 흡수를 통해 생성된
기가 흐르는 통로가 있습니다.

3중 구조로 되어 있는 경락의 종류
 - 자기장의 통로, 빛의 통로, 기의 통로로 구성
   • 12 경맥
   • 임맥과 독맥
   • 세맥
   • 표리관계

2중 구조로 되어 있는 경락의 종류
 - 자기장의 통로와 빛의 통로만 있는 경락
   • 기경팔맥
   • 장부상통

 - 자기장의 통로와 기의 통로만 있는 경락
   • 임맥과 독맥이 하나로 만나
     단전에 연결되는 경락

 - 빛의 통로와 기의 통로만 있는 경락
   • 오장 사이를 서로 연결하는 경락
   • 간과 신장 사이를 연결하는 경락
   • 심장과 신장 사이를 연결하는 경락
   • 폐와 신장 사이를 연결하는 경락

경락에 자기장의 통로가 있는 것과
자기장이 없는 것과의 차이는 다음과 같습니다.

경락 표층에 자기장의 통로가 있다는 것은
속도를 향상시키는 목적과
흐름의 방향성이 정해져 있다는 것을 의미합니다.
경락 표면의 자기장은 경락이 흐르는
속도를 결정하며 정해진 방향으로만
경락을 흐르게 하는 역할을 하게 됩니다.

생명회로도를 흐르는
특수한 형태의 경락도 있는데
수소음 심경과 족궐음 간경이 있습니다.
수소음 심경은
뇌의 중심부를 지나면서
뇌의 기저핵이나 시상과 시상하부
간뇌와 중뇌 소뇌 부분에
기와 빛을 공급하고 있으며
그 모양은 모기향처럼 되어 있으며
가장 중심부에서 가장 밝은 빛을 내고 있습니다.
외곽부의 빛들은 뇌의 각부분에
경락을 통해 기와 빛을 공급해 주고 있습니다.
3중 구조의 경락입니다.

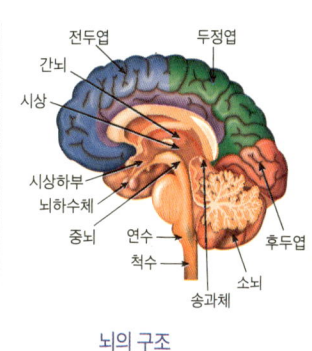

뇌의 구조

족궐음 간경은
대뇌 피질 전체를 흐르고 있으며
문어발처럼 되어 있으며
문어발 하나하나에서
빛과 기를 공급해 주고 있습니다.
입체적으로 보면 마치 야구장의 조명탑처럼
세 갈래로 형성되어 있으면서
대뇌 피질 전체에

빛과 기를 공급해 주고 있는
특수한 모양을 하고 있습니다.

시절인연이 되어
호모 사피엔스의 몸에 흐르는
생명회로도 중 일부인
경락의 모양과 구조를
우데카 팀장이
의식이 깨어나는 인류들과
깨어나는 빛의 일꾼들을 위해
기록으로 남깁니다.

호모 사피엔스의 생명회로도 II
에너지 편

호모 사피엔스를 움직이는 에너지는
영혼백(靈魂魄)의 에너지이며
이것을 한의학에서는
정기신(精氣神)이라고 합니다.

영(靈)은 창조주를 통해 탄생되며
사고조절자라는 영의 진화 프로그램을 통해
영의 여행을 하는 것입니다.
혼(魂)은 빛과 중간계와 어둠이라는
매트릭스를 통해 영의 진화를 돕고 있습니다.
백(魄) 에너지는
행성 가이아의 에너지를 받아서 생성되며
행성의 가이아에게서 받는 에너지를
체(體)라고 한다면
백 에너지를 운영하는 소프트웨어인 프로그램을
생명조절자라고 합니다.
생명조절자는 생명회로도를 움직이는
프로그램이며 생명운반자 속에 존재합니다.

호모 사피엔스의 생명회로도를 움직이는 프로그램을
생명조절자라고 합니다.
호모 사피엔스의 생명력을 구성하는 백 에너지는
그 행성 가이아의 게(Ge) 에너지이며
가이아의 게 에너지 속에는
네 가지 에너지가 함께 들어 있습니다.

호모 사피엔스는
유전학적으로나 에너지적으로나
4개의 형질로 조합하여 창조된
휴머노이드형 모델입니다.

네 가지 에너지는 다음과 같습니다.
- 조류의 에너지 - 조류의 유전 형질
- 어류의 에너지 - 어류의 유전 형질
- 주류의 에너지 - 주류(포유류)의 유전 형질
- 갑류의 에너지 - 갑류(파충류)의 유전 형질

호모 사피엔스는
네 가지 유전 형질의 조합을 통해 창조되었습니다.
네 가지의 에너지 조합을 통해
12지파의 에너지들이 탄생하였습니다.
영의 에너지 조합을 통해
12지파가 탄생되었으며
백의 에너지 조합을 통해서도
12지파가 탄생되었습니다.
네 가지 유전 형질을 가진
에너지들 간의 조합에 의해
12지파의 유전 형질이 확보되었습니다.

호모 사피엔스의 백 에너지는
생명회로도에 입력이 되며
생명조절자에 의해 생명이 탄생될 때
네 가지 특성에 맞게
생명조절자의 프로그램에 의해
오장 육부의 장부의 크기와 기능들이 결정됩니다.

영혼의 물질 체험과
이번 생애에 최적화될 수 있는
성격과 외모들이 생명조절자에
정확하게 프로그램이 확정이 되고 난 뒤에
여성의 자궁에서
태아의 5장 6부의 크기와 특성이
선천적으로 결정이 되어
세포 분열을 통해 생명이 탄생되는 것입니다.

우연히 탄생된 생명은
우주 어디에도 없으며
보이지 않는 세계에서
치밀한 준비와 계획이 있으며
차원의 문을 열기 위한 수많은
승인 과정을 거쳐 생명 하나가 탄생하게 됩니다.
백 에너지의 생명조절자 프로그램에 따라
탄생된 생명체에 영혼이 들어오면서
육신을 입고 하는 영혼백의 물질 체험이
시작되는 것입니다.

백 에너지의 생명조절자 프로그램은
영혼의 프로그램과
사전에 충분히 조율과 검토와 승인이라는
복잡한 절차를 거쳐
천상정부(하늘)의 모나노 시스템과
메타 의식구현 시스템을 부여받아
영혼백의 프로그램 사이의
완전한 조율을 거쳐
영혼백의 물질 체험이 이루어지는 것입니다.

호모 사피엔스의 네 가지 유전 형질이
다음과 같은 원리에 의해 결정이 됩니다.
- 조류의 에너지가 강한 유형 : 태양인
- 어류의 에너지가 강한 유형 : 소음인
- 갑류의 에너지가 강한 유형 : 소양인
- 주류의 에너지가 강한 유형 : 태음인

조류 유형이 가장 강하게 나타나는 유형의
에너지 조합은 다음과 같은 세가지입니다.
- A유형 : 조류 에너지 4 어류 3 갑류 2 주류 1
- B유형 : 조류 에너지 4 갑류 3 주류 2 어류 1
- C유형 : 조류 에너지 4 주류 3 어류 2 갑류 1

같은 원리에 의해
유형마다 세 가지 세부 유형이 탄생이 되며
이 원리에 의해
12가지 백 에너지를 기준으로 하는
12지파가 형성이 되는 것입니다.

네 가지 유전 형질(에너지)을 기반으로 탄생한
호모 사피엔스의 질병 치료는
크게는 네 가지 유형에 의해 분류되며
12 유형으로 세분화할 수 있습니다.

역장 안에서 사상의학(四象醫學)❖은
생명 창조 원리들이
구체적으로 밝혀지면서
많은 인류들의 생명을 구하게 될 것입니다.
사상의학은
미래 의학의 중심에 있을 것입니다.

사상의학(四象醫學)
조선 고종 때의 학자 이제마의 한의학설.
사람의 체질을 기질과 성격에 따라 태양(太陽)·소음(少陰)·소양(少陽)·태음(太陰)의 사상원리(四象原理)에 의하여 사상인(四象人)으로 구분했으며, 그에 따라 약을 처방해야 한다는 이론

사상의학을 한민족에게 전하고 가신
이제마 선생님은
14차원에서 하강한 영혼이며
멜기세덱 그룹이며
단지파의 에너지를 가지고 계신 분입니다.
우주의 생명 창조 원리를 담고 있는
사상의학을 펼치시다
그 뜻을 다 이루지 못하고 가셨지만
지금 다시 육신의 몸을 입고
태어나 활동하고 계십니다.

인류의 미래 의학인 사상의학을
이제마의 생을 살았던 분이
역장 안에서 결자해지할 것입니다.
이것이 하늘의 계획이며
하늘의 비밀이며
하늘이 일하는 방식입니다.
한반도는
모든 정신문명들이 결자해지하는 곳이며
완성되는 곳입니다.

우데카 팀장이 시절인연이 되어
우주의 비밀을 전하며
기록으로 남깁니다.

호모 사피엔스의 생명회로도 Ⅲ
시스템 편

호모 사피엔스는
생명회로도라는
눈에 보이지 않는 시스템에 의해
눈에 보이는 육체의 생명 시스템이
작동되고 있습니다.
생명회로도는 생명운반자에 있는
생명조절자 프로그램에 의해
운영이 되고 있으며
생명조절자 프로그램은
영혼의 진화 과정에 최적화된
호모 사피엔스의 5장 6부의 크기와 특징을
선천적으로 결정하게 되는 것입니다.

내가 어머니 뱃속에서 태어나기 전에
영혼의 프로그램 내용에 최적화된
생명조절자 프로그램이 먼저 결정이 된 후
그 프로그램대로 생명이 탄생됩니다.
탄생된 생명에 영혼이 들어와
영혼백이 결합되어
호모 사피엔스라는 외투를 입고
살아가고 있는 것입니다.

우리 몸의 생명회로도에는
경락시스템을 지원하는
많은 무형의 장치들이 존재합니다.

비장을 절제한 사람에게서
갑상선을 절제한 사람에게서 그 기능이
지속적으로 작용하고 있는 경우들이 있습니다.
사지를 절단한 사람에게서 나타나는 환상통*은
보이지 않는 생명회로도의 영향입니다.
실제로 우리 몸의 생명회로도를 볼 수 있는
영안이 열린 인자들이 나타나
인체 내에 있는 생명회로도를 보게 된다면
그 경이로움을 인간의 언어로 표현한다는 것은
불가능하다는 것을 알게 될 것입니다.

> 환상통(幻想痛 phantom pain), 환지통(幻肢痛 phantom limb pain)
> 팔다리 등 신체 부위가 절단된 후 절단 부위가 있는 듯이 해당 부위에 느껴지는 통증

호모 사피엔스는
생명회로도에 기초하여 창조되었습니다.
생명회로도에 의해
눈에 보이는 혈액의 순환이 이루어지고 있으며
눈에 보이지 않는 경락의 순환이 원활하게
이루어지고 있습니다.
생명회로도에 있는 무형의 장치가 있기에
오장 육부의 기능들이 원활하게
작동하고 있는 것입니다.

한의학에서 추상적으로 표현되고 있는
간장혈(肝藏血)과 심생혈(心生血)
위생혈(胃生血)과 포(包)의 훈증(薰蒸) 기전
진액(津液)의 순환 기전
간의 소설(疏泄) 작용의 원리 등은
생명회로도에 전자기판의 원리처럼
그 기능을 하는 무형의 장치들이 존재하고
있음을 볼 수 있습니다.

무형인 이들 생명 장치들은
차원 간 공간 속에 존재하며
생명회로도를 통해
생명의 순환을 돕고 있습니다.
생명회로도는
정교한 컴퓨터 회로망처럼 되어 있으며
우주 과학기술이 총동원되어 탄생하였습니다.

심장이 뛰고 있는 생명체들일수록
생명회로도가 복잡하게 설계되어 있으며
높은 의식을 구현할 수 있는 생명체들일수록
생명회로도는 정교하게
프로그램되어 있습니다.
생명회로도에는
수많은 봉인들이 되어 있음 또한
확인할 수 있습니다.
생명회로도에 있는 조절 장치를 통해
인간의 모든 질병들을 유발할 수 있으며
모든 통증들을 컨트롤할 수 있으며
인간의 감정과 의식마저도
조정할 수 있습니다.

호모 사피엔스에는
독맥에 의식을 구현하고 조정하는
7개의 선들이 있으며
임맥에는 감정을 조절하는
12개의 감정선이 존재합니다.
이들 모두는 생명회로도에 연결되어 있으며
인간의 감정 하나에서부터

의식의 상태까지도
생명회로도를 통해
통제하고 조절할 수 있는
시스템이 존재하고 작동하고 있습니다.
하늘은 인간을 완전한 통제 속에서
생명회로도를 통해
관리하고 통제하고 있습니다.
질병에서부터
통증의 강도까지
감정 하나하나에서부터
의식과 잠재의식 무의식의 차원까지
그리고 메타 의식구현 시스템까지
생명회로도를 통해
인간의 모든 것을 관리하고
통제하고 있습니다.

호모 사피엔스 몸에 설계도처럼 되어 있는
생명회로도는
천상정부(하늘)의 관리 시스템 속에
네트워크로 연결되어 있습니다.
모니터 화면을 보듯
생명회로도를 볼 수 있으며
모니터의 화면을 보면서
생명회로도의 완전한 관리와 통제 속에
기혈의 흐름을 조절할 수도 있으며
장부로 가는
혈액의 흐름을 조절할 수도 있으며
모든 변수를 차단할 수도 있으며
변수를 추가할 수도 있습니다.

심지어 암을 발생시키고
바이러스 감염을 유발시키는 기전을
작동시킬 수도 있습니다.
감정의 흐름 또한 조절할 수 있으며
인간이 가진 모든 것들을
하늘은 하늘 스스로 정한 법칙에 맞추어
실행하고 있습니다.

인간은 보이지 않는 세계에 의해
완전한 통제와 관리 속에 있다는 것을
인지할 수 있을 때만이
하늘 무서운 줄을 비로소 알게 되는 것입니다.
하늘은 모든 것을 감추어 놓았으며
하늘은 모든 것을 다 알면서
하늘은 처음과 끝조차도 다 알면서
시치미를 뚝 떼고
차원 간의 문을 걸어 잠근 채
지켜보고 있을 뿐입니다.
개입할 때와 그냥 지켜 볼 때의 구분조차도
영혼백의 프로그램에 따라
그렇게 시행하는 것입니다.
보이지 않는 무형의 장치들과 시스템들을 통하여
호모 사피엔스가
자유의지를 가지고 살아가는 것을
최대한 보장해 주고 있으며
영혼백이 함께하는 물질 체험을 지원하기 위한
프로그램들의 조율과 미세 조정이
여러분들의 상위자아와 천상정부 사이에서
주기적으로 이루어지고 있습니다.

눈에 보이는 것은
눈에 보이지 않는 세계에서 이미
결정이 난 것들이 펼쳐지는 것입니다.
우연히 일어나는 일은 아무것도 없으며
하늘의 완전한 관리와 통제 속에서
생명의 순환 시스템이 작용하고 있는 것입니다.

호모 사피엔스를 창조할 때
실무진에게 내려간 프로젝트명은
다음과 같습니다.
인간은 상상할 수 있는 모든 것을 할 수 있는 존재입니다.
모든 것을 창조할 수 있도록 허락된
무슨 짓을 창조할지도 모르는 인간을
완전하게 통제할 수 있는 관리 시스템이
먼저 설계되고 창조된 뒤에
그 프로그램과 절차에 의해서
호모 사피엔스가 창조되었습니다.

시절인연에 의해
호모 사피엔스의 창조 비밀들과
보이지 않는 세계의 비밀들과
생명의 순환 시스템 속에 숨어 있는
우주적 진실을
의식이 깨어나고 있는 인자들과
깨어나고 있는 빛의 일꾼들에게
우데카 팀장이 전합니다.

3부 무궁화 꽃이 피었습니다

한민족의 기원인 단지파들은
태극의 세계에서 기원한 고차원 영들임을 잊지 말라고
정신의 세계에서 고도로 진화한 존재들이 육화한 것임을 잊지 말라고
태극기를 국가의 상징으로 주었습니다.
지구 행성에 펼쳐진 모든 정신문명과 물질문명의
처음과 끝을 주관하는 중심이 한민족임을 잊지 마시기 바랍니다.

한민족이 세계의 중심이 될 수밖에 없는 이유

눈에 보이는 세계는
눈에 보이지 않는 세계에 의해 움직이고 있습니다.
눈에 보이지 않고 실체가 없는 듯 보이지만
어둠의 정부✦가 있기에
커튼 뒤에서 행성의 매트릭스 구조를 관리하고
유지하고 있는 보이지 않는 실체들이 있기에
눈에 보이는 정치와 경제가
펼쳐지고 있는 것입니다.

드러나지 않는 본질이 있기에
다양하게 펼쳐지는 현상이 있는 것입니다.
화려하게 펼쳐진 삼라만상의 현상 뒤에는
본질(진리)이 숨겨져 있는 것이
세상의 이치이자 자연의 이치이며
하늘이 일하는 방식입니다.

지구 행성의 물질문명은
고대에 한반도에서
창조주의 직계 자녀인 단지파✦들에 의해
펼쳐졌습니다.
원시반본(原始反本)의 원리와
시종여일(始終如一)의 원리에 의해
한반도에서 시작한 문명은 한반도에서
문명을 결산하고 마무리되는 것이
우주의 순리입니다.

어둠의 정부(그림자 정부)
세계의 정치 경제 및 사회 전반을 배후에서 지배하고 있는 드러나지 않은 조직

단지파(檀支派)
창조주의 순수혈통이라는 의미이며, 12지파 중 창조근원의 순수한 에너지를 원형 그대로 가지고 있는 지파들. 한반도에서 환인-환웅-단군의 역사를 개척하고 주요 시기마다 역사적 인물들의 역할을 맡았으며, 지구 차원상승 과정에서 정신문명을 열어갈 핵심 그룹으로 현재 한반도에 대거 육화해 있음

한반도를 중심으로 시작한 물질문명이
한반도에서 문명의 총결산이 이루어진 후
새로운 정신문명의 시작 또한
한반도에서부터 시작될 것입니다.
새로운 정신문명을 열기 위한 밑그림들이
하늘의 치밀한 준비 속에
아무도 모르게 아무도 모르게
한반도에서 오래 전부터 준비되어 왔으며
이제 이 퍼즐들을 맞추기만 하면 되는 것입니다.

민족종교들과 기존의 종교 조직에 있으면서
자신이 왜 이런 일을 하고 있는지도 모르는 채
아무것도 모르는 채
자신의 역할과 임무도 모르는 채
자신의 퍼즐들을 맞추기 위해
하늘과의 소통 속에 있는 인자들이
가장 많이 존재하는 곳이 한반도입니다.

한반도가 세계의 중심이 될 수밖에 없는
이유는 다음과 같습니다.

한반도에는 지구 행성에서 가장 중요한
스타게이트✣ 세 곳이 있습니다.

> 스타게이트(stargate)
> 우주 공간의 성단, 은하, 항성, 행성 간을 연결하는 빛의 통로.
> 시간과 공간을 축소해서 어떤 공간에 빠르게 도달하기 위하여 설치한 것

18차원 18단계 : 창조근원의 에너지
　　　　　　　천황의 에너지 - 충북 괴산에 위치

18차원 17단계 : 무한영(노사나불) 에너지
　　　　　　　인황의 에너지 - 서울 인왕산 주변

18차원 14단계 : 영원어머니 에너지
지황의 에너지 - 경북 상주에 위치

지구 행성에 설치된 18곳의 스타게이트 중
가장 중요한 3곳의 에너지 센터가
모두 있는 곳이 한반도이며
한반도는 보이지 않는 에너지의 세계에서
중심에 있기 때문입니다.
한민족에게
앞으로 펼쳐질 새로운 정신문명을 열어갈
중요한 역할과 임무가 주어져 있으며
이것은 창조주의 의지입니다.

새로운 정신문명을 열기 위해
물질문명의 종결을 위해
빛의 일꾼이 가장 많이 태어나 준비되고
활동하고 있는 곳이 한반도이며 한민족입니다.

지구 차원상승 과정에서
자연의 대격변의 과정에서
지축 이동과 바이러스 난의 과정에서
인구 대비 가장 높은 비율로
한민족은 생존하게 될 것입니다.

이들 생존자들은 문명 체인저✤
게임 체인저와 같은 중요한 역할을
수행하게 될 것입니다.

이것을 실현하기 위해
재난과 관련된 수많은 비결서와

> 문명 체인저(changer)
> 문명의 흐름과 판도를 뒤바꿔 놓을 정도로 중요한 역할을 한 인물이나 사건

예언서들의 내용들이
한민족의 정신에 깊숙이 자리잡고 있습니다.
이러한 집단무의식은
재난이 시작되면 의식이 깨어나는데
큰 역할을 하게 될 것입니다.
미래를 준비하는 비결파✢들과   비결파(秘訣派)
재난을 준비하는 사람들이 제일 많은 곳이   「정감록」이나 「격암유록」같
한민족이며 한반도입니다.   은 비결서에 나타난 예언을
                                          신봉하는 사람들

재난과 격변 시에 미륵이 나타난다는
미륵 신앙이 대중들 사이에 자리잡고 있으며
재난 시 안전지대를 알려주는 하늘의 표식으로는
봉황과 미륵 신앙이 있으며
십승지✢ 역시 한민족에게만 있는   십승지(十勝地)
고유한 정신적 자산입니다.   세상에 큰 환란이 일어났을
                                          때 안전하게 살 수 있다고 전
                                          해진 지역

지축 이동 후
바이러스 난 후
살아남은 인류들이 살아갈 안전한 곳
물질화된 인류의 의식을 교정하기 위해
준비된 특수한 지역인 역장의 설치 또한
한반도에서부터 시작할 것이기 때문입니다.

창조주께서
행성의 물질문명을 종결할 때 나타나는
우주 군인들의 육화를 통한
아보날의 수여가
한반도에서부터 시작할 것이며
한반도에 최고 지휘부가 있을 것입니다.

정신문명을 여는데 도우미 역할을 위해
폐허가 된 곳에서
새로운 정신문명을 열어갈
생존한 지구 행성의 주민들을 돕기 위해
지저인*들이 육화를 통해
제일 많이 지상에서 활동하고 있는 곳도
한반도입니다.
지구 행성의 물질문명 붕괴 후
새로운 5차원과 6차원의 과학기술문명을
펼치기 위해 준비된 인자들이 태어나
아무도 모르게 아무도 모르게
준비되고 활동하고 있는 곳도
한반도입니다.

어둠의 정부 역시
빛과 어둠의 통합 이후에
창조주께서 주관하는
아보날의 수여를 위해 준비되고 있습니다.
이것을 위해 이미 오래전부터
세계 어둠의 정부의 수장은
한국에서 맡아 왔습니다.
이것이 보이지 않는 세계가
보이는 세계를 움직이는 원리입니다.

한민족에게 이때를 위해
그때가 지금임을 잊지 말라고
하늘에서 우리 한민족에게 준 선물이
두 개가 있습니다.
그중 하나가 천부경*입니다.

지저인(地底人)
지구 안쪽의 지하도시에 문명을 이루고 사는 사람들. 지구가 차원상승을 통해 6차원 문명에 안착할 수 있도록 돕기 위하여 6차원 문명을 먼저 경험한 안내자로서 현재 약 5만 명 정도가 지상에 육화해 있다고 전해짐

천부경(天符經)
고대 한민족에게 전승된 경전으로 총 81자로 되어 있으며 1부터 9까지의 숫자를 가지고 우주와 생명 창조의 원리, 후천 개벽의 시대에 대한 비밀을 담고 있음

천부경은
한민족이 영성시대에 영성국가를 이루고 살 때
우주의 진리를 담아서
문명의 시작과 끝이 한반도라는 것을
알려주는 증표로 준 것입니다.

경락과 침술의 원리들은
우주의 진리와
생명 창조의 원리를 담고 있으며
경락시스템의 정보를 한민족에게
단군시대에 하늘에서 내려주었습니다.
동이족인 한민족으로부터
동양 의학의 기원인 침과 뜸이 시작되었으며
경락 이론들이 다운로딩 방식에 의해
한민족에게 주어졌습니다.

지금은 물질화된 세계에 살고 있습니다.
눈에 보이는 현상을 중심으로 하는
서양 의학이 지금은 주류 의학입니다.
눈에 보이지 않는 본질(진리)에 바탕을 둔
경락 이론을 중심으로 한 한의학은
과학적 합리주의를 기반으로 하는
서양 의학과의 치열한 경쟁 속에
차츰 밀려나 있습니다.

인체는
눈에 보이는 혈액 순환 시스템(음)과
눈에 보이지 않는 경락시스템(양)으로
창조되었습니다.

눈에 보이지 않는 경락들을 볼 수도 없으며
현미경으로도 볼 수도 없으며
어떠한 과학 장비를 가지고도 경락을
볼 수가 없었습니다.
서양 의사들은 과학적 방법론을 내세워
경락을 지금까지 인정하지 않고 있으며
서양 의학적 관점으로만 판단하여
극단적으로 폄하하는 분들도 있습니다.

증명할 수도 없으며
눈으로 볼 수도 없었던 경락의 실체를
우데카 팀장과 빛의 생명나무 회원들은
하늘이 주신 능력을 바탕으로
경락의 세계를 영안으로 본 것을 기록하여
인류에게 공개할 것입니다.
잃어버린 한민족의 정신을 되살리기 위해
최선을 다할 것입니다.

영안이 열려있는
빛의 생명나무 회원들과 함께
경락의 비밀들을 풀어낼 것이며
한의학 속에 숨어 있는
경락 속에 숨어 있는
우주의 진리와 생명 창조의 비밀들을
인류 앞에 당당하게 펼쳐 보일 것입니다.

한민족에게 주어졌던
경락시스템의 복원으로
정신문명을 열 수 있는 기초를 열 것이며

새로운 정신문명의 시대에 맞는
새로운 의학의 패러다임을 열기 위해
준비할 것입니다.
새로운 정신문명은
구호로 되는 것이 아닙니다.
깨어난 창조적 소수의 힘만으로도
되는 것이 아닙니다.
민족종교의 숭고한 정신만으로
되는 것도 아닙니다.

하늘이 계획이 먼저 있어야 하며
하늘의 준비가 있어야 하며
하늘의 뜻이 함께 해야 합니다.
그때가 준비되었으며
역할자들과 사명자들이 준비되어야 합니다.
이 모든 것이 지금 이때를 위해
준비되었고 완료되었습니다.
이제는 대장정을 시작할 때입니다.

그렇게 될 것이며
그렇게 예정되어 있으며
그렇게 되었습니다.

한반도가 세계의 중심이 될 수밖에 없는 이유

지구 행성은
우연하게 존재하는 행성이 아닙니다.
우주의 전체 시스템 속에
지구 행성이 존재하고 있습니다.
지구 행성은 살아 움직이는 생명체이며
에너지의 법칙 속에서 진화하고 있는 행성입니다.
지구 행성을 움직이는 에너지는
하늘에 의해 관리되고 있습니다.

지구 행성에 흐르고 있는 에너지를
볼텍스 에너지❖라고 하며
격자로 되어 있으며
큰 에너지가 들어오고 나가는 지점을
포탈에너지 또는 스타게이트라고 합니다.
행성은 창조주의 에너지에 의해 운영되고 있습니다.
지구 행성에는 18차원의 에너지가 들어오는
스타게이트가 18곳이 있습니다.
18차원의 1단계에서 18단계에 이르는 스타게이트가
전 지구에 골고루 분포되어 있습니다.

한반도에는 세 곳에 에너지 스타게이트가 존재하며
그 종류는 다음과 같습니다.
18개의 스타게이트 중 가장 중요한 3개가
한반도에 위치하고 있습니다.
18차원 18단계의 창조근원의 에너지가

볼텍스(vortex) 에너지
하나의 축을 중심으로 회전하는 에너지 상태.
DNA 이중나선 구조, 차크라 에너지, 지구 행성의 에너지 흐름, 은하계의 운동 등 역동하는 에너지의 상태. 지구에서 자기장 에너지가 강한 지역을 볼텍스 지역이라고 함

들어오는 곳은
충북 괴산군에 있으며
이것을 우리 조상들은 천황(靝皇)이라고 불렀습니다.
창조근원의 에너지를 우주에서는
페르미온 에너지라고 합니다.
창조근원의 에너지인
페르미온의 빛의 종류는 144,000가지이며
이 빛의 종류와 세기를 독립변수로 하고
18차원의 1단계에서 17단계의 에너지의
각각의 빛의 종류 144,000가지를 매개변수로 하는
다양한 실험들이
지구 행성에서 250만 년 동안 이루어졌습니다.
이 빛은 실험행성과 종자행성으로서의
역할을 리드하는 빛입니다.

18차원 18단계 창조주의 빛의
스타게이트 확장 개통은
지구 행성의 물질문명의 종결과
새로운 정신문명을 시작하는
지구 차원상승을 알리는 개시 명령을 의미합니다.
지구 변화를 알리는 시작의 빛이며
창조주의 의지를 담은 빛입니다.
창조주의 빛을 전 지구에 공급하는 스타게이트가
한반도에 존재하고 있으며
아무도 모르게
아무도 모르게 잘 보존되어 있습니다.
하늘에 인연이 있는 인자들만이
이곳을 알아볼 수 있으며
에너지를 느낄 수 있을 것입니다.

2016년 10월 3일 하늘의 문이 열렸으며
2016년 10월 23일 임계점을 넘어
변화를 촉진시키는 빛의 세기와 밀도가 강하게
지구 행성에 유입되기 시작하였습니다.
18차원 18단계 창조근원(조물주)의 에너지가
지구 행성의 스타게이트가 있는
충북 괴산의 작은 시골 마을에서
확장 개통되었습니다.
18차원 18단계의 빛이 양이라면
18차원 15단계의 빛이 음(오메가의 빛)으로
동시에 확장 개통되었습니다.
18차원 15단계 오메가(어둠)의 빛의 스타게이트는
일본의 어느 한적한 신사에서
아무도 모르게 확장 개통되었습니다.

창조근원의 빛(18차원 18단계)과
오메가(18차원 15단계)의 빛이
지구 행성에 본격 들어오기 시작하였으며
빛과 어둠의 치열한 영적 전쟁을 알리는
아마겟돈이 시작됨을 의미합니다.

2016년 11월 11일 11시 11분 11초에
18차원 14단계 영원어머니의
에너지(음) 스타게이트가 있는
경북 상주의 작은 시골 마을에서 확장 개통되었으며
이와 동시에 양의 속성을 가진
18차원 16단계의 우주아버지의
에너지 스타게이트가 영국에서 확장 개통되었습니다.

18차원 14단계의 영원어머니의 빛은
지구 가이아의 게(Ge) 에너지✢를
활성화시키는 빛이며
지구의 화산 활동이나 지진을 촉진하는 빛이며
지축 이동을 준비하는 빛입니다.
이 빛을 우리 조상들은 지황(地皇)이라 불렀으며
모든 어머니들의 어머니의 빛이며
삼신할머니와 마고할머니의 빛입니다.

> 게(Ge) 에너지
> 생명을 탄생시키고 성장시키고 순환시키는 각 행성의 생명 에너지이며 행성 내부에 붉은 보랏빛으로 저장되어 있음.
> 게 에너지가 강해지면 행성에 물리적 변화가 일어나며 생명체들의 진동수를 높이고 의식을 상승시키는 작용도 함

2016년 11월 20일
18차원 17단계의 에너지(양) 스타게이트가 있는 곳은
한민족의 정신을 담고 있는 장소이며
서울의 인왕산 주변에 있으며
우리 조상들은 인황(人皇)이라고 하였습니다.
18차원 17단계의 에너지는
무한영(노사나불)의 에너지 스타게이트가 확장되면서
지구 행성에 본격적으로 유입되기 시작하였으며
머지않아 이 에너지들이 지구 행성에 정박되고
안정화되고 나면 빛의 일꾼들의 의식이
급속도로 깨어나게 될 것입니다.
2016년 11월 20일 동시에
18차원 13단계 빛(음)이
이집트의 피라미드를 통해 개통되었습니다.
이 빛은 역장을 설치하기 위한 빛입니다.

한반도에는 지구 행성에서 가장 중요한
창조주의 빛의 통로 ⇨ 천황의 스타게이트
영원어머니의 빛의 통로 ⇨ 지황의 스타게이트
무한영의 빛의 통로 ⇨ 인황의 스타게이트가

존재하고 있었으며
이것의 빛의 통로가 확장 개통된 것입니다.
한반도에는 가장 중요한
에너지 스타게이트 세 곳이 있으며
지구 행성에 가장 중요한 에너지 포인트가 되는
3개의 중요 스타게이트가
한반도 남쪽에 집중되어 있습니다.
지구 행성 문명의 시작이
왜 한반도가 될 수밖에 없으며
한반도가 지구 차원상승의 중심지가
될 수밖에 없는지
이유가 여기에 있습니다.
새로운 정신문명이 한반도를 중심으로
시작될 수밖에 없는 이유 역시
스타게이트와 관련이 되어 있습니다.

지구 행성에는
총 18개의 스타게이트가 존재하고 있으며
음양으로 되어 있으며
순차적으로
동시적으로 열리게 될 것입니다.
2016년 11월말까지는
모든 스타게이트가 개통될 예정입니다.

| 요한계시록
신약성경에 포함된 예언서로 세상의 종말과 동시에 새 세상이 펼쳐진다는 내용을 담고 있음

요한계시록❋에 나와 있는 7개의 봉인은
그 당시는 15차원 기준으로
총 15개의 스타게이트가 존재하였으며
음양으로 되어 있으며
음양이 동시에 열리는 특성으로 인하여

7개의 봉인으로 표현하였습니다.
18차원 기준에서는 18개의 스타게이트가
음양이 동시에 열리는 특성으로 인하여
9개의 봉인으로 표현할 수 있습니다.

2016년 11월말을 기점으로
지구 행성에 설치된
18차원의 모든 하늘이 열리는 것이며
지구 행성에 설치된
모든 봉인들이 해제되는 것입니다.
지구 차원상승을 위한
하늘의 준비가 끝났음을 의미하는 것이며
새 하늘과 새 땅을 열기 위한
보이지 않는 하늘에서의 에너지 조율이
이루어졌음을 의미합니다.
지축 정립을 위한 하늘의 준비가
완료되었음을 의미합니다.
지구 행성에 설치된 물질 매트릭스를
하늘 스스로 철거할 것을 알려주는 것이며
지구 행성의 물질문명을 종결하는 것을 의미합니다.

깨어나는 빛의 일꾼들과
의식이 깨어난 인류들을 위해
아직은 아무것도 모르는 인류들을 위해
이 글을 우데카 팀장이 기록으로 남깁니다.

한민족을 위한 메시지

한민족을 천손(天孫) 민족이라고 합니다.
하늘의 자손이라는 자부심이 유대인만큼은 아니어도
고난의 세월을 살아오는 동안에도
그 정신만큼은 잃어버리지 않았으며
백성들의 의식에 잠재되어 흐르고 있는
자부심이 있습니다.

호모 사피엔스를 통한 현재의 문명의 시작은
한반도 남쪽인 광주 무등산 일대에서
시작되었습니다.
창조주의 원대한 계획들이
한반도를 중심으로 펼쳐졌습니다.
창조주의 에너지(18차원 18단계)를
가장 많이 가지고 있는 민족이 한민족이며
단지파라고도 부릅니다.

행성의 문명을 열고 문명을 이끌어 나가는
멜기세덱 그룹✤과
행성의 문명이 종결될 때 출현하는
아보날 그룹✤들이 마지막 때를 위하여
한반도에 1만 2천명의 빛의 일꾼으로
1만 2천명의 도통군자의 이름으로
준비되어 있습니다.

한민족의 의식을 깨우기 위한

멜기세덱 그룹
단지파 중 한 그룹으로, 행성의 문화와 문명을 펼치며 주로 세상에 드러난 화려한 역할을 맡아 각 나라의 정치 경제 사회 문화 언론분야에서 주도적인 역할을 함

아보날 그룹
P. 34 '아보날의 수여' 참조

한반도를 중심으로 한
한반도를 시작으로 한
지구 차원상승이 시작을 앞두고 있습니다.
원시반본이라
문명이 시작된 한반도에서 문명을 종결짓기 위한
하늘이 준비한 대격변들이 시작될 것입니다.

이때를 대비하여
한반도에 있는
종교와 문화와 정치 및 경제 분야에
빛과 어둠의 양극성의 매트릭스들이
촘촘하게 설계되어 있습니다.
세계 어둠의 정부의 중심 역시
한반도에 있는 한민족이 맡고 있으며
가장 밝은 빛의 일꾼들 또한 한반도에
집중되어 있습니다.
빛이 가장 강한 한반도에
어둠 역시 가장 강하게 존재하는 것이
세상의 이치이며 우주의 순리입니다.
한반도에는 마지막 때를 위하여
세계의 모든 종교들이 들어와 활동하고 있으며
이들을 통한 대반전의 역사가
하늘에 의해 준비되고 있습니다.
민족정신을 기반으로 한 민족종교들이
다양한 의식의 층위에 맞게 펼쳐져 있습니다.
이들 또한 마지막 때를 준비하기 위한
하늘의 큰 그림 속에 있음을
재난을 통과하면서 눈치채고 알아채는
인자들이 있을 것입니다.

한반도를 시작으로
대자연의 격변이 시작될 것입니다.
한민족을 깨우기 위한
천손 민족을 깨우기 위한
단지파들을 깨우기 위한
민족 지도자들을 깨우기 위한
한반도에 있는 빛의 일꾼들인
멜기세덱 그룹과
데이날 그룹✧들과
아보날 그룹을 깨우기 위한
하늘의 계획이 집행될 것입니다.

대지진을 통하여
잠자고 있는 한민족을 깨울 것입니다.
한반도 어디에도 안전한 곳이 없다는 인식은
많은 지식인들을 당황하게 할 것입니다.
지축의 정립이 있기 전에
우리 한민족에게 주어진 시간은
길어야 한 달입니다.
깨어날 인자들은 깨어나야 하기에
한반도에서는
한 번도 경험하지 못한 규모의
지진들이 동시다발로 일어날 것입니다.

아마겟돈✧의 대혼란의 시기를
한민족이 다른 국가들에 비해 조금 일찍
겪게 될 것입니다.
깨어날 인자들이 깨어나 재난을 준비하고
새 하늘과 새 땅을 준비하게 될 것입니다.

데이날 그룹
18차원 2단계 창조주의 자녀인 전문 교사 그룹.
역장 안에서 교육을 통해 인류들의 의식을 깨우는 역할이 있으며, 현생에서 교육과 관련된 직업을 가진 사람들이 많음

아마겟돈
인류의 종교적인 신념, 인격화되고 왜곡된 신에 대한 관념, 과학적 합리주의, 진리와는 거리가 먼 보편적인 인류의 의식을 깨우고 각성시키기 위해 물리적 정신적인 혼란의 다양한 방식을 이용하여 하늘이 펼치는 영적인 전쟁

창조주께서 직접 집행하는 개벽이
한반도를 중심으로
아보날의 수여를 통해 집행될 것입니다.

깨어날 인자들은
지축 정립이 일어나기 전에 깨어나
자신의 의식 수준에서 빛의 역할들을
수행하게 될 것입니다.
지금 이 마지막 시기를 맞이하여
지구 위를 걸었던 모든 성인들과 영웅들은
육신의 옷을 입고 태어나 땅위를 걷고 있습니다.
이들을 빛의 일꾼들이라고 하며
이들의 귀환을 신들의 귀환이라 표현합니다.
빛의 일꾼들은
한반도에 제일 많이 태어나 있으며
이들을 깨우기 위한 방편으로
한반도에서부터 개벽이 시작되는 것입니다.

의식을 깨울 수 있는
짧은 시간이 지나고 나면
지축의 이동이 7회에 걸쳐 있을 것입니다.
올해 안에 지축 이동이 있을 예정이며
내년 3월말에 지축 이동이
모두 마무리될 것입니다.
세 번째 지축 이동 때에
백두산 분화를 동반할 것이며
네 번째 지축 이동이 가장 큰 규모로
전 세계적으로 이어질 것입니다.
그저 스쳐가는 지진이 결코 아닙니다.

그냥 우연히 일어나는 지진이 아닙니다.
한반도에 살고 있는 단지파들을 깨우기 위한
한반도에 살고 있는 빛의 일꾼들을 깨우기 위한
하늘이 준비한 대재앙입니다.

종교의 매트릭스에 갇혀 있고
옳고 그름에 갇혀 있으며
자신의 의식 수준에 갇혀 있던
하늘의 실체가 드러나는 과정입니다.
모든 것이 붕괴될 것입니다.
한반도 곳곳에서
우후죽순처럼 발생하는 지진들은
지축 이동을 알리는 하늘의 알림장입니다.
지구의 물질문명을 종결짓고
새 하늘과 새 땅은
한반도를 중심으로
한민족을 중심으로
고도로 진화된 영혼들이 육신을 입고 살아가는
정신문명이 펼쳐질 것입니다.
그 중심에 한반도가 있으며
그 중심에 한민족이 있으며
그 중심에 빛의 일꾼들이 있으며
빛의 일꾼의 중심에 단지파가 있습니다.

한민족의 깨어남을 위해
이 글을 우데카 팀장이 기록으로 남깁니다.

여러분들의 건승을 빕니다.

장미꽃이 피었습니다

장미꽃이 필 때쯤이면 변화가 올 거라고
하늘의 소리를 들은 적이 있습니다.
그 소리를 듣고
그 소리를 믿고
PET병을 준비하기 위해
냄새나는 쓰레기 집하장에 가서
줍고 닦고 말리고
짠지를 담고
쌀을 담고
감자를 심고 고구마도 심었습니다.
재난에 살아남은 누군가가 먹어도 좋다고
우리가 준비한 재난 물품을 누군가가 먹고
살아남아 지구를 이어가면 좋겠다고
준비하고 또 준비하였습니다.

봄이 오고
장미가 피었다 지는 동안
하늘이 약속한 변화는 오지 않았으며
많은 회원들이 실망하고 절망하고
하늘에 분노하고 원망하면서
참 많은 회원들이
빛의 생명나무를 떠나갔습니다.

그럴 때마다
하늘에 절규하듯 외쳤지요.

하늘이 이렇게 거짓말을 할 수 있냐고?
하늘이 어떻게 입만 열면
거짓말 채널과 거짓 형상을 보여주며
우리를 속일 수 있는지
참 많은 회원들이 하늘에 실망하고 실망해
떠나고 떠나갔습니다.

지난 가을과 겨울
눈 덮인 배추를 눈을 털어가며 짠지를 담고
산더미 같이 무짠지를 담갔으며
산더미 같은 식량들이 준비되었지만
하늘이 반드시 온다고 약속한
백두산 분화는 오지 않았으며
그 실망과 절망 속에
참 많은 아픈 이별들이 있었습니다.

장미가 피었다가 지고
여름 휴가철쯤이라고 기다리게 해놓고
그렇게 믿게 해놓고
하늘이 약속한 시간에
아무런 자연재해는 없었으며
하늘의 거짓 메시지에 속았다는 분노와 함께
참 많은 아픔과 이별들이 이어졌습니다.

하늘에 실망하고 분노하고 절망 속에서
하늘을 향해 묻고 또 물었습니다.
하늘이 어떻게 이럴 수가 있냐고
하늘이 어떻게 그럴 수가 있냐고
하늘이 입만 열면 거짓말로

우리를 속일 수가 있냐고!!!
이런 하늘은 필요 없다고
이런 하늘은 하늘이 아니라고
우리가 무슨 죄를 지었기에
하늘이 우리 모두를 이렇게 속일 수가 있냐고
팀장님도 이제는 믿지 못하겠다고
그래도 팀장님은 믿었는데
더 이상 하늘도 팀장님도 믿을 수가 없다고
원망과 아픔 속에
회원들은 떠나고 떠나갔습니다.

아직도 우데카에게 미련이 남아 있는겨...
넌 아직도 거기서 그러고 있냐...
그렇게 하늘의 거짓말에 속고 또 속으면서도
아직도 하늘을 믿고 있냐...
이제 그만 정신 차리세요...

그래도 떠나지 못하고 남아 있는
회원들을 향해서 독설을 쏟아내는
빛의 생명나무를 떠나간 회원들의 수많은
비난들도 있었습니다.
세상에서 노숙자들을 모아 놓고
종교 사기꾼 우데카가 개척 교회를 열고 있다고
비난과 조롱들도 있었습니다.
그래도 하늘이 이렇게 하는 데에는 무슨
이유가 있을 것이고
하늘의 숨은 뜻이 있을 거라고
얼마 남지 않은 회원들은 가족처럼 뭉쳐지고
다져졌습니다.

하늘에게 물었습니다.
우리가 무슨 종말론 신자도 아닌데
종말론자처럼
변화를 기다리고
지진을 기다리고
지축 이동을 기다리고 있냐고...
어쩌다 우리가 이렇게 되었냐고
그렇게 친절하게 보이지 않는 세계를 보여주고
보이지 않는 세계의 비밀들을
친절하게 알려주던 하늘을 향해
분노하고 소리치고 악을 써도
하늘은 맨얼굴로 우리들을 대했습니다.
지금 와서 생각해 보면
하늘은 우리에게 단 한 번도
친절하게 대한 적이 없었습니다.
그렇게 친절한 하늘이 그리웠는지 모릅니다.

하늘의 답은 늘 같았습니다.
빛의 일꾼인 당신들은
하늘의 진실만을 말해준다면
당신들은 그 진실을 감당할 수 있겠습니까?
당신은 하늘의 진실의 무게를 감당할 만큼
의식이 성장하셨습니까?
하늘이 거짓말을 주신다고 믿으십니까?
하늘이 주는 99번의 거짓말은
딱 한 번의 진실을 위해 준비되는 것입니다.
빛의 일꾼들인 당신들은
세상의 의식으로는
세상의 눈높이의 관점에서는

99번은 패해야 하며
마지막 한 번만 이기게
프로그램되어 있습니다.
이것을 감당할 수 없는 인자들은
빛의 생명나무를 떠나셔도 좋습니다.

빛의 생명나무에 모인
빛의 일꾼들인 당신들은
인류보다 모든 것을 먼저 겪어야 됩니다.
하늘의 실체를 바로 알아야 하며
하늘의 맨얼굴을 먼저 알아야 하며
하늘이 일하는 방식을 먼저 알아야 하며
하늘에 대해 인간이 스스로 만들어낸
하늘에 대한 모든 잘못된 관념들을 비워내고
교정해야 하는 것이 당신들의 운명입니다.

인류 스스로 하늘에 대해 짜놓은
모든 허상들이
모두 깨질 때까지
우리는 당신들을 토끼몰이를 하듯
몰아붙일 것입니다.
하늘문은 좁습니다.
이것을 견디지 못하는 인자들은
빛의 일꾼이 될 수 없습니다.
떠날 사람은 떠나도 좋습니다.
이 지구 물질문명의 종결과
지구 차원상승 프로그램은
우데카 팀장 혼자서도 충분히 할 수 있습니다.
그러니 지금이라도 가셔도 좋습니다.

채널러(channeler)
천상정부 네트워크 망 접속을 통하여 인간이 아닌 다른 존재, 즉 보이지 않는 존재와 동식물, 무생물 등과 영적 소통을 하는 사람

채널러❖를 통해 쏟아지는 하늘의 독설에
참 많은 회원들이
바람 앞에 촛불이 스러지듯 쓰러져갔습니다.

당신들은 인류들이 겪을 모든 것을
먼저 겪은 후에야
하늘이 약속한 그 때를 맞이하게 될 것입니다.
당신들은 인류보다 아마겟돈을 먼저 겪어야 하며
하늘에 대한 분노와
하늘에 대한 원망과
하늘에 대한 절망과
하늘의 맨얼굴들을 다 겪은 인자들만이
변화 앞에서 모든 것을 잃고
망연자실해 있는 인류들을
안내할 수 있기 때문입니다.
하늘문은 좁습니다.
우리는 우데카 팀장님 한 분만으로도
이 프로그램을 진행할 수 있습니다.
빛의 생명나무를 떠나실 회원분들은
떠나셔도 좋습니다.

하늘의 독설을 듣고 또 듣고도
무슨 미련이 남아있는 소수의 회원들만이
텅 빈 사무실과 강의실을 지키고 있습니다.

하늘이 이제는 지축 이동이 올 거라고
올해 안에 올 거라고
준비하라고
또 다시 메시지가 내려옵니다.

어찌할까요...
진실일까요...
하늘이 왜 이토록 가혹하게
우리에게 이러는 걸까요?
살아남아 있는 회원들의 아픔에 공명하며
힘들게 하루하루를 버티고 있는 회원들의
얼굴을 볼 수 없어
하늘에 대고 욕도 해보고
소리도 질러 보지만
그럴 때마다 하늘은 비겁하게
대화의 창구를 닫아 버립니다.

머리가 무겁고
가슴이 답답하고
하늘에 속은 것이 억울하고
하늘을 믿은 것을 원망하며
자신의 어리석음을 탓하며
사무실로 향하는 길에 오늘은
여기저기 피어 있는 장미꽃을 보았습니다.
장미꽃이 필 때쯤이면 변화가 올 거라고
지금은 뻥카(거짓말)가 되어버린
하늘의 약속을 기억해봅니다.

회원들의 얼굴을
회원들의 눈을 똑바로 쳐다보지 못한지 오래된
우데카 팀장이
오늘은 하늘이 무슨 거짓말을 하는지
두 눈을 뜨고 지켜봐야 하는데...
눈앞에 피어 있는 장미꽃이 스쳐 지나갑니다.

무서리를 이기고
된서리를 이기고
잎새는 다 떨어졌지만
여기저기 띄엄띄엄
붉게 피어 있는 장미꽃을 봅니다.
11월 1일
장미꽃이 피었습니다.
아무도 관심을 주지 않으며
아무도 알아주지 않을 것 같아
아무도 의미를 부여하지 않고
그냥 스쳐 지나갈 것 같아
혼자 보는 것이 안타까워
이 추위에도 오늘 같은 날에도
기적처럼 11월에도 장미가 피었다고
아무도 모르게
아무도 모르게
숨을 죽이며 말해봅니다.

무궁화꽃이 피었습니다

하늘은 모든 것을 다 이루었습니다.
하늘이 계획한
지구 행성에서의 모든 프로그램들이
완전한 통제 속에서 250만 년 동안
아무도 모르게
아무도 모르게 펼쳐졌습니다.
이것을 축하하는
하늘의 꽃인 무궁화가
하늘에서는 한창입니다.

하늘은 모든 데이터들을 확보하였습니다.
하늘은 모든 실험들을 마치고
지구 행성의 차원상승을
한반도에서부터 시작할 것입니다.
행성의 문명을 열고
행성의 문명을 펼치고
행성의 문명을 종결짓는
이 모든 과정의 중심에
창조근원(18차원 18단계)의 직계 자녀들인
단지파가 있습니다.

행성의 문명은 늘
창조근원의 에너지를 가진
단지파들에 의해 펼쳐지는 것이
우주의 보편적인 법칙입니다.

환(桓)문명

기원전 7천여 년 전에 아시아 지역을 중심으로 12국가를 통치했다고 고기(古記)를 통해 전해지는 환 제국의 문명. 단지파를 중심으로 세워졌으며 한민족의 기원이라고 알려짐

지구 행성에서 펼친
250만 년의 프로그램의 중심에
단지파가 있으며
단지파의 중심에 한민족이 있습니다.
한민족의 중심에 환문명✤이 있었으며
고려가 있었으며 조선이 있었으며
대한민국이 있습니다.

하늘에서는
시절인연을 알리는
무궁화꽃이 만발하였으며
지상에서는 마지막 잎새마저 떨구고
장미꽃 한두 송이가
오늘(2016년 11월 5일)도 피어
하늘의 소식을 전하고 있습니다.
하늘의 축제를 알리는
지구 차원상승을 알리는
단지파들을 위한
한민족을 위한 무궁화꽃이
보이지 않는 세계에서는 만발해 있습니다.
한민족을 중심으로 한 새로운 정신문명이
한반도에서부터 시작되어
전 세계로 펼쳐질 예정입니다.

하늘은 하늘이 일하는 방식에 의해
숨겨 놓고 숨겨 놓은 진실들을 밝힐 예정입니다.
9시 뉴스에 진실을 공개하지 않을 것이며
인류 모두가 알아챌 수 있도록
모두의 의식을 깨워서 가는 프로그램이 아닙니다.

계몽 운동을 하듯
지식인을 통하여
하늘의 진리를 펼치는 방식이 아닌
하늘의 인연이 있는 인자들만을
깨워 가는 방식입니다.

하늘의 진리들과 우주적 진리들은
오직 아보날의 수여를 통해서만
인류 문명을 교정하는 시간을 통하여
하나하나 순차적으로 바로잡을 것입니다.
역할자들과 사명자들이 준비되어 있으며
아카식 레코드에 접속할 수 있는
권한이 주어진 인자들에 의해
물질문명의 매트릭스가
어떻게 오염되었는지
모두 투명하게 밝혀질 것입니다.

하늘은
인류에게 친절하지 않을 것입니다.
자신이 믿는 대로
자신이 아는 대로
자신의 의식의 수준에서
자신의 의식의 눈높이에서
자신의 신념 속에서
자신의 관념 속에서
생각하고 판단하는
인간의 모든 자유의지를 보장할 것입니다.
그저 지켜볼 것입니다.
하늘은 하늘 스스로 정한 길을 갈 것입니다.

하늘은 결코 친절하지 않을 것입니다.
그런 하늘은 내가 믿는 하늘이 아니라고
그런 하늘은 하늘이 아니라고
이런 하늘은 필요 없다고
이런 하늘은 하늘이 아니라고
내가 믿어왔던 하늘이 이럴 수는 없다고
내가 알고 있던 하늘이 이럴 리는 없다고
적(敵)그리스도가 우리를 망치고 있다고
어둠의 일당이 우리에게 고통을 주고 있다고
아무것도 모르는 채
아무것도 알려고 하지 않은 채
희생양을 찾고
정치적으로 상황을 해결해보려는
모든 시도들 또한 성공하지 못할 것입니다.
그래도 내가 믿고 있는 신은
우리를 버리지 않을 것이라고
더 많은 시간들을 기도와 주문수행을
하게 될 것입니다.

행성의 문명을 열고
행성의 문명을 펼치고
행성의 문명을 종결짓는
이 과정에 참여한 빛의 일꾼들인
단지파들 한 분 한 분의 가슴(단중*)에
무궁화꽃이 선명하게 피어 있습니다.
보이지 않는 세계를 보는 인자만이
보이지 않는 세계의 이치를 아는 인자만이
보이지 않는 세계의 원리를 알고 있는
인자들에게 무궁화꽃은 활짝 피어 있습니다.

단중
양쪽 젖꼭지 사이 가슴 중앙에 위치한 차크라 또는 경혈의 명칭

신과 인간은 250만 년 동안
한순간도 분리되지 않았으며
분리된 적이 없습니다.

두 개의 철길 중
하나는 인간의 자유의지*가 만든 길이며
하나는 하늘의 프로그램과 의지의 길입니다.
두 개의 철길은 단 한 번도 시원스럽게
만난 적이 없습니다.
두 개의 철길은 바로
인간과 하늘 사이의 간격이며
인간과 신 사이에 놓인 간격이며
나와 상위자아와의 아름다운 간격입니다.

아름다운 간격이 있기에
인간은 자유의지를 펼칠 수 있었습니다.
아름다운 간격이 있기에
영의 물질체험이
극적으로 이루어질 수 있었습니다.
인간과 하늘 사이의 아름다운 간격이 있기에
다양한 종교의 매트릭스들이 설치되어
자신의 눈높이에 맞는 신을
창조할 수 있었습니다.
내 상위자아와의 아름다운 간격이 있었기에
내 삶은 두려웠고 고단했고 힘들었지만
내 영혼은 성장할 수 있었습니다.

인간과 하늘 사이의 아름다운 간격이
이제는 좁혀지게 될 것입니다.

> **자유의지**
> 물질세계에 내려온 아바타가 자기 인생의 방향과 어떤 사안을 스스로 선택하고 결정할 수 있는 권리.
> 상위자아뿐만 아니라 창조주라 하여도 결코 침해할 수 없는 아바타의 신성한 주권이지만, 자유의지의 행사 범위가 프로그램이라는 큰 틀을 벗어날 수는 없음

이것이 지구의 차원상승이며
새로운 정신문명의 시작이며
물질문명의 종결이 갖는 의미입니다.
이제 신과 육신의 육을 입은 인간의
아름다운 간격이 좁혀질 것입니다.
좁혀진 만큼
대우주의 전체의식✢에 연결될 것입니다.

신과 인간 사이의
아름다운 간격을 유지하기를 바라는
신념 속에 갇힌 종교인들과
신과 인간은
이 간격을 영원히 좁힐 수 없다고
믿는 신앙인들과
인간은 태어날 때부터 죄인이고
앞으로도 죄인이고
영원히 죄인으로 살 수밖에 없다고
내 자식들도 죄인일 수밖에 없다고
고집을 피우는 종교인들에게 하늘은
그들의 신념대로 하는 것을
그들의 자유의지를
어떠한 판단도 하지 않고 지켜볼 것입니다.

행성의 물질문명의 종결을 앞두고
하늘에서는 하늘의 꽃인
무궁화꽃이 만발했습니다.
어릴 적 숨박꼭질을 할 때
무궁화꽃이 피었습니다!
　= 십자가 = 하늘의 진리 = 하늘의 열림

전체의식

세상 만물이 천상정부의 네트워크를 통해 서로 연결되어 창조근원으로부터 부여받은 사고조절자에 의해 사랑의 의식을 함께 공유하고 있는 상태.
지구 인류들은 전체의식에서 단절된 채 물질 체험을 하고 있었으나, 차원상승과 함께 네트워크망에 접속하여 소통이 원활해지며 우주의 전체의식과 가까워지게 될 예정임

의미도 모르는 채
습관처럼 하던 놀이에 담긴
그때가 바로 지금 이 시기라는 것을
잊지 말라고
기억하라고
우데카 팀장을 통하여 전합니다.
한민족에게 숨겨진 비밀의 문을 열라고
한민족의 사명을 다하라고
한민족에게만 하늘이 알려준
하늘의 비밀을 여는 열쇠가
하늘의 좁은문을 통과하기 위한
줄탁동시(啐啄同時)의 표식으로 주어진
상징 코드가 '**무궁화꽃이 피었습니다**'입니다.

무궁화꽃이 피었습니다.

시절인연이 있는 인자들과
깨어나는 빛의 일꾼들과
창조주의 자녀들인 단지파들과
천손 민족인 한민족의 가슴속에
하늘의 꽃인
무궁화꽃이 무더기로 필 것입니다.

천부경 해설 :
우주의 생명 창조 원리와 후천 개벽

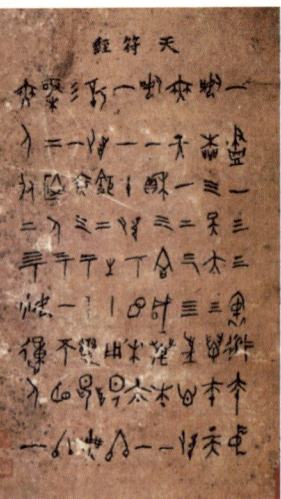
천부경(天符經)

천부경(天符經)

一始無始
일시무시

一析三極 無盡本
일석삼극 무진본

天一一 地一二 人一三
천일일 지일이 인일삼

一積十鉅 無匱化三
일적십거 무궤화삼

天二三 地二三 人二三
천이삼 지이삼 인이삼

大三合 六生七八九運
대삼합 육생칠팔구운

三四成環 五七一
삼사성환 오칠일

妙衍 萬往萬來 用變不動本
묘연 만왕만래 용변부동본

本心本 太陽昂明
본심본 태양앙명

人中天地一
인중천지일

一終無終一
일종무종일

一始無始　　　　　일시무시
一析三極　無盡本　　일석삼극 무진본

끝도 시작도 없는 대우주의 세계는
무극에서 시작하여
태극의 세계로 펼쳐졌으며
삼태극의 물질세계로 끊임없이 펼쳐져 있습니다.

天一一　地一二　人一三　　천일일 지일이 인일삼

천(天)은 1을 상징하며 하늘을 의미합니다.
천일(天一)은 하늘의 구성 원리이며
하늘은 하나로 존재하는 무극의 세계를 말합니다.
천일일(天一一)은
하늘은 영의 세계로
하나의 전체의식 속에 있음이라

지(地)는 2를 상징하며 땅을 의미합니다.
지일(地一)은 땅의 구성 원리이며
땅은 음양으로 구성되어 있으며
태극의 세계를 의미합니다.
지일이(地一二)는
음양의 에너지는 땅에서는
백의 에너지와 정 에너지로 구성되어 있습니다.

인(人)은 숫자로 3이며 인간을 의미합니다.
인일(人一)은 인간의 구성 원리이며
세 가지 에너지체로 구성되어 있음을 의미합니다.
인일삼(人一三)은
삼태극의 세계에 창조될 때
인간은 영·혼·백 에너지로 구성되어 있습니다.

一積十鉅 無匱化三 　일적십거 무궤화삼

하나의 세포(생명) 하나하나에는
변하지 않는 대우주의 시방세계❖가 들어 있으며
영·혼·백 에너지가
하나의 시스템 속에 통합되면서
생명의 기본적인 순환 시스템들이 펼쳐졌습니다.

天二三 地二三 人二三 　천이삼 지이삼 인이삼

천(天)은 1이며 하늘을 상징하며
천이(天二)는 하늘의 변화를 의미하며
천이삼(天二三)은 하늘의 변화의 원리이며
하늘은 1(무극) × 3(변화) = 3(기본수)로 변화하였으며
우주의 변화의 중심에는 삼위일체 법칙이 존재합니다.

지(地)는 2로 표시하고 땅을 상징하며
지이(地二)는 땅의 변화를 의미하며
지이삼(地二三)은 땅의 변화의 원리이며
2(음양) × 3(변화) = 6으로
땅은 음양에서 6개의 기운(풍·한·서·습·조·화❖)으로
펼쳐져 있습니다.

인(人)은 3이며 인간을 상징합니다.
인이(人二)는 인간의 변화를 의미하며
인이삼(人二三)은 인간의 변화의 원리이며
3(영혼백 = 정기신) × 3(변화) = 9가 됩니다.
인간의 몸의 변화는 9궁도❖의 원리에 의해
생명의 법칙을 펼쳐 놓았습니다.

大三合 六生七八九運 　대삼합 육생칠팔구운

시방세계(十方世界)
동서남북의 4방과 그 사이의 대각선 4방, 위아래의 2방을 합한 열 방향(十方)의 전 세계, 혹은 시간(과거, 현재, 미래)를 포함하여 전 우주를 가리키는 불교적 용어

풍한서습조화(風寒暑濕燥火)
자연계의 1년 4계절 6가지 기후 변화 요소로서 병의 원인이 되는 사기(邪氣)이기도 하며, 인체의 생리기능 및 장부의 에너지인 정기(正氣)의 상태를 말하기도 함

9궁도(九宮圖)
8방위와 가운데 자리로 이루어진 9칸 그림에 천지변화의 이치와 질서를 나타낸 것. 가로, 세로, 대각선 각각의 합이 모두 같아지도록 수를 배열하여 마방진(魔方陣)이라고도 함

하늘과 땅과 인간의 삼합(三合)의 통합 속에
대자연과 인간이 탄생되었습니다.
대삼합(大三合)의 통합 원리는 다음과 같습니다.
천(天=심장=1) + 5(중앙수) = 6(소장)이 되었으며
하늘이 1로 수(水)를 생(生)하고
땅이 6으로 이를 이루었으며

오행의 원리에 의해
지(地=폐=2) + 5(중앙수) = 7(대장)이 되었으며
땅이 2로 화(火)를 생(生)하고
하늘이 7로 이를 이루었으며

오행의 원리에 의해
인(人=간=3) + 5(오행=태극의 도=중앙 우주의 변화수)
= 8(담)이 되었습니다.
하늘이 3으로 목(木)을 생(生)하고
땅이 8로 이를 이루었으며

오행의 원리에 의해
4(신장 = 정기신혈精氣神血) + 5(중앙수) = 9(방광)
땅이 4로 금(金)을 생(生)하고
하늘이 9로 이를 이루었으며
대자연(우주)의 운행하는 원리와
인간의 몸이 순행하는 원리는
9궁도(마방진)의 원리입니다.

선천(先天) 우주 15차원은 5장 6부의 세계라
5(비장)가 중앙수
후천(後天) 우주 18차원은 6장 6부의 세계라

6(심포)을 중앙수로 하는
마방진(구궁도)의 원리에 의해
삼라만상을 비롯한 모든 생명들이
창조되었다는 것을 육생(六生)으로 표현하였습니다.

선천의 물질문명이 종결되고 (5=비장)
후천의 정신문명이 (6=심포)
한반도에서 한민족을 중심으로
펼쳐지게 된다는 것을 알려주는 것이
육생(六生)이 갖는 의미이며
한민족에게 그 비밀을 알려주고 있는 것이
천부경이 갖는 우주적 의미입니다.

원시반본(原始反本)이라
한반도에서 시작된 지구 행성의 문명이
한반도에서 종결되며
한반도에서 한민족을 중심으로 새로운
정신문명이 출현한다는 것을
잊지 말라고
기억하라고
그 위대한 사명을 완수하라고
하늘이 한민족에게 내려준 것이
천부경이 갖는 의미입니다.
이것을 마방진 후천수인 6으로 표현하였으며
육생이 갖는 의미입니다.

三四成環 五七一 삼사성환 오칠일

삼(三 = 정기신精氣神 = 영혼백靈魂魄)에
혈(血)이 더해져 사(四 = 정기신혈精氣神血)가 되어

대우주의 생명의 순환 시스템이 이루어졌습니다.
심장의 박동으로 인하여
혈액의 순환(음)과 경락의 시스템(양)이
구현됨으로써 생명의 순환 시스템에
의식을 구현하는 시스템이 장착되었습니다.

오칠일(五七一)은
인간의 몸에 오욕(五慾, 오행五行)과
칠정(七情, 화火=감정感情)을
구현할 수 있도록 하였으며
인간의 몸은 1차원에서 18차원에 존재하는
우주의 공학기술들과 우주의 법칙들을
모두 총동원하여 창조하였습니다.
인간의 몸에는 대우주가 소우주로 축소되어 있으며
인간은 의식과 감정을 가진 존재입니다.
인간은 생명 속에 의식과 감정을 구현하는
최고의 존재인 동시에
우주의 모든 법칙(만법萬法)을 집약하여
창조되었습니다. 이것을
삼사성환 오칠일(三四成環 五七一)이라 하였습니다.

妙衍 萬往萬來　　　묘연 만왕만래
用變不動本　　　　용변부동본

생명에 의식을 구현하는 시스템의 작용은
그 변화의 양상이 묘(妙)하고 신묘하며
수많은 변화 속에서도
생명의 탄생과 죽음이 있을지라도
변하지 않는 우주의 법칙이 작용되고 있습니다.

本心本　太陽昂明　　본심본 태양앙명

인간의 중심에는 마음이 있으며
근본 중에 근본은 마음이며
마음은 곧 의식의 세계입니다.
생명의 중심에는 태양이 있습니다.

人中天地一　　　　인중천지일

一終無終一　　　　일종무종일

인간의 몸에는 하늘과 땅이 모두 들어 있습니다.
생명에 의식을 구현하는 시스템이 구현되고 있으며
인간은 최고 수준의 의식을
창조할 수 있는 귀하고 귀한 존재입니다.
대우주를 움직이는 것은 사랑입니다.
생명은 곧 귀하고 귀한 것입니다.
생명은 곧 사랑입니다.
생명 속에 대우주의 사랑이 담겨 있으며
생명 속에 우주의 만법들이 귀일(歸一)하여
전체의식과 함께 순행하고 있습니다.

대우주의 변화는 시작도 없고 끝도 없습니다.
대우주는 생명의 순환 주기 속에서
시작도 끝도 없는 윤회 시스템 속에서
진화하고 있습니다.

이제는 때가 되어 우데카 팀장이
시절인연이 있는 인자들과 한민족의 깨어남을 위해
의식이 깨어나고 있는 빛의 일꾼들을 위해
천부경의 비밀을 전합니다.

천부경의 비밀

천부경(天符經)은
생명 탄생의 원리를 설명하고 있으며
우주 변화의 원리 속에
한민족을 중심으로 한 개벽(차원상승)의 때를
알려주고 있습니다.

숫자의 상징 코드 속에
한자의 상징 코드를 이용하여
천부경은 우주의 비밀들을 전하고 있습니다.
시작도 끝도 없는 대우주의 세계라
무극과 태극과 삼태극의 세계는
무궁무진한 변화의 세계이며
변화가 아무리 변화무쌍할지라도
변하지 않는 근본적인 것이 있음이라

대우주의 구조를
천일일(天一一)은 무극의 세계를
지일이(地一二)는 태극의 세계인 음양의 세계를
인일삼(人一三)은 삼태극의 물질 세상에서는
인간이 중심임을 표현하고 있습니다.
하나의 세포 속에
우주의 시방세계가 다 들어 있듯이
인간의 생명 속에는
대우주의 모든 법칙들이 구현되어 있습니다.

하늘의 기본수는 3이요
땅의 기본수는 6이며
인간의 생명과 의식을 결정짓는 기본수는 9라
천지인(天地人)이 대우주의 법칙 속에
삼합(三合)을 이루어
천(天) = 심장 = 1 + 5 = 6 (소장)
지(地) = 폐 = 2 + 5 = 7 (대장)
인(人) = 간 = 3 + 5 = 8 (담)
혈(血) = 신장 = 4 + 5 = 9 (방광)
중앙수 = 비장 = 5 + 5 = 10 (위)

선천 우주 15차원은 5장 6부의 세계입니다.
주자✢는 1이 6이 되는 세계를 다음과 같이
정의하였습니다.

주자의 수 개념✢

하늘이 1로 수(水)를 생(生)하고
땅이 6으로 이를 이루었으며
땅이 2로 화(火)를 생(生)하여
하늘이 7로 이를 이루었으며
하늘이 3으로 목(木)을 생(生)하고
땅이 8로 이를 이루었으며
땅이 4로 금(金)을 생(生)하고
하늘이 9로 이를 이루었으며
하늘이 5로 토(土)를 생(生)하고
땅이 10으로 이를 이루니
각각의 합이 있으며
태양수 (9) + 태음수 (6) = 15
소양수 (7) + 소음수 (8) = 15
가 되는 원리로 구궁도의 원리가 형성됩니다.

주자(朱子)
중국 송나라 유학자 '주희(朱熹)'. 12세기 신유학(新儒學)인 성리학을 집대성함

주자의 수 개념
1 수(水)
  임수(壬水) 계수(癸水)
2 화(火)
  병화(丙火) 정화(丁火)
3 목(木)
  갑목(甲木) 을목(乙木)
4 금(金)
  경금(庚金) 신금(辛金)
5 토(土)
  무토(戊土) 기토(己土)

천지인 삼합에 의해 천지 만물이 탄생하고
인간이 생명에
의식을 구현하는 시스템을 장착함으로써
만물의 영장으로 태어나게 되었습니다.

후천 18차원의 세계는 6장 6부의 세계라
중앙수가 5에서 6으로 변화가 있을 것이라
이때가 대우주의 차원상승이 있는 시기이며
개벽의 시기이며
한민족을 중심으로 한 새로운 정신문명이
한반도에서 시작함을
천부경은 암시해 주고 있습니다.
18차원 우주의 탄생이 6생(六生)이 갖는
진정한 천부경의 의미입니다.
18차원 우주를 소개하면 다음과 같습니다.

1 = 심장 + 6 (후천의 중앙수) = 7 (소장)
2 = 폐 + 6 = 8 (대장)
3 = 간 + 6 = 9 (담)
4 = 신장 + 6 = 10 (방광)
5 = 비장 + 6 = 11 (위)
6 = 심포 + 6 = 12 (삼초)
18차원의 우주 변화의 원리를
구궁도의 원리에 표현하면 다음과 같습니다.

인간의 몸은 정기신(精氣神)에 혈(血)이
영혼백에 혈액의 순환과 경락의 순환이 더해져
생명에 의식이 부여됩니다.
이것을 삼사성환(三四成環)이라고 하였으며

생명에 부여된 의식은
호모 사피엔스에는 임맥에
감정을 조절하는 12개의 감정선이 있으며
독맥에 의식을 조절하는 7개의 의식선이 있습니다.
감정선과 의식선을 그 당시 용어로는
오욕(五慾)과 칠정(七情)이라는
용어로 사용하였으며
이것을 오칠(五七)이라 하였으며
감정선과 의식선들에 의해 인간은
풍부한 창조력을 가지게 되었으며
이 감정선과 의식선들 또한 대우주의 법칙 속에
있다는 것을 오칠일(五七一)이라 하였습니다.

오칠일(五七一)은
인간의 몸에 오욕(오행五行)과
칠정(화火 = 감정感情)을
구현할 수 있도록 하였으며
인간의 몸은 1차원에서 18차원에 존재하는
우주의 공학기술들과 우주의 법칙들을
모두 총동원하여 창조하였습니다.
인간의 몸에는
대우주가 소우주로 축소되어 있으며
인간은 의식과 감정을 가진 존재입니다.
인간은 생명 속에 의식과 감정을 구현하는
최고의 존재인 동시에
우주의 모든 법칙(만법萬法)을 집약하여
창조되었습니다.
이것을 삼사성환 오칠일(三四成環 五七一)이라
하였습니다.

생명에 의식을 구현하는 시스템의 작용은
그 변화의 양상이 묘(妙)하고 신묘하며
수많은 변화 속에서도
생명의 탄생과 죽음이 있을지라도
변하지 않는 우주의 법칙이 작용되고 있습니다.

인간의 중심에는 마음이 있으며
근본 중에 근본은 마음이며
마음은 곧 의식의 세계입니다.
생명의 중심에는 태양이 있습니다.

인간의 몸에는
하늘과 땅이 모두 들어 있습니다.
생명에 의식을 구현하는 시스템이 구현되고 있으며
인간은 최고 수준의 의식을
창조할 수 있는 귀하고 귀한 존재입니다.
대우주를 움직이는 것은 사랑입니다.
생명은 곧 귀하고 귀한 것입니다.
생명은 곧 사랑입니다.
생명 속에 대우주의 사랑이 담겨 있으며
생명 속에 우주의 만법들이 귀일하여
전체의식과 함께 순행하고 있습니다.

대우주의 변화는
시작도 없고 끝도 없습니다.
대우주는 생명의 순환 주기 속에서
시작도 끝도 없는 윤회 시스템 속에서
진화하고 있습니다.

천부경은
육생(六生)이라는 상징을 통해
선천(15차원)의 시대가 가고
후천(18차원)의 시대가
한반도에서 시작할 것임을 알려주는 비결서입니다.
선천 문명은 물질문명이며
지금은 물질문명이 종결되는 시기입니다.
물질문명의 종결은
새로운 정신문명이 시작되는 것임을 알려주는
상징 코드가
천부경의 비밀입니다.
그 중심에 한민족이 있습니다.
그것을 알려주는 하늘의 표식으로
한민족에게 전해진 메시지가
천부경이 갖는 의미입니다.

천부경은
원시반본(原始反本)과
시종여일(始終如一)의 중심이
한민족임을 알려 주었던
하늘의 표식이었습니다.
대우주의 창조 원리와
지구 행성의 타임라인이
한민족과 관련되어 있음을 알려주는
하늘의 선물이자 표식이었습니다.

한민족의 기원인 단지파들은
태극의 세계에서 기원한 고차원 영들임을
잊지 말라고

한민족의 조상인 단지파들은
정신의 세계에서 고도로 진화한 존재들이
육화한 것임을 잊지 말라고
태극기✤를 국가의 상징으로 주었습니다.

태극기

한민족은
지구 행성에 입식된 영들의 부모이며
지구 행성을 리드하는 리더 그룹입니다.
지구 행성에 펼쳐진
모든 정신문명과 물질문명의
처음과 끝을 주관하는 중심이
한민족임을 잊지 마시기 바랍니다.
물질문명의 풍요로움 속에서
자신의 우주적 신분을 잊지 말라고
천손 민족임을 기억하라고
그때가 지금이라는 것을 기억하라고
우데카 팀장이
천부경의 의미를 기록으로 남깁니다.

한민족의 건승을 빕니다.

그렇게 될 것이며
그렇게 예정되어 있으며
그렇게 되었습니다.

4부 잃어버린 하늘을 찾아서

인류는 가슴 속에서 하늘을 잃어버린 지 오래 되었습니다.
귀신의 존재는 믿어도 자신의 가슴속에 늘 있는
영혼의 존재는 믿지 못하는 것이 인류의 슬픈 현실입니다.
하늘을 잃어버린 인류에게 하늘은 천둥과 번개로 이야기할 것입니다.
인류가 잃어버린 사랑을 되찾을 때까지
하늘은 하늘의 맨얼굴을 인류를 향해 보여줄 것입니다.

잃어버린 하늘을 찾아서

인간이 하늘과의 교감과 소통 속에서
살던 시대를 **영성의 시대**라고 합니다.
하늘에 대한 감사와 고마움이
인간의 마음속에 늘 살아있던 시대입니다.
지구 행성에 물질의 매트릭스들이 설치되고
도구의 발달을 가져 오면서
인구의 증가와 함께
영성의 시대는 쇠퇴하게 됩니다.

하늘에서는 영성의 시대를 마치고
종교의 시대를 열기 위해
3천 년 전 네바돈 우주의 창조주✦이신
네바도니아 어머니(석가모니)를
지구 행성에 보내
우주의 진리를 펼쳐 놓았습니다.
인류가 하늘과의 소통이 끊어지지 않도록
배려하는 동시에
종교 매트릭스를 설치하여
깨달음과 수행의 시대를 열게 하였으며
종교의 시대를 열게 하였습니다.
다시 천 년의 세월이 흐르자
물질화되는 속도는 빨라지고
인류들의 마음에서 하늘이 사라지게 되고
하늘과의 영적인 교감을 하면서 사는
인류들이 급격하게 줄어들게 됩니다.

> **네바돈 우주의 창조주**
> 지구가 속한 지역우주인 네바돈 은하의 창조주는 17차원의 의식으로 양의 에너지인 크라이스트 마이클, 음의 에너지인 네바도니아가 존재함

하늘에서는
다시 네바돈 우주의 창조주이신
크라이스트 마이클(예수 그리스도)이
직접 육화를 통해
하늘의 진리를 전하게 하였으며
하늘과 인류 사이의 간격이
줄어들게 되었으며
복음과 찬양 기도라는 형식으로
하늘과 인류가 소통할 수 있는
형식적인 통로가 확보되었습니다.
인류의 마음에서
잃어버린 하늘을 되찾아 주기 위해
하늘은 예수님을 통하여 많은
이적과 기적을 행할 수밖에 없었으며
보이지 않는 하늘이 있다는 것을
인류에게 보여 주었습니다.
예수님이 당시의 지식인들과 권력자들에게
죽음을 당하는 일이 일어났으며
이것은 가장 강력한 종교 매트릭스가
설치될 수밖에 없는 토양이 되었으며
인류는 영성을 대신하여
하늘을 인격신의 형태로 바꾸어
지구 역사상 가장 강력한 종교 매트릭스를
창조하였습니다.

종교의 시대를 지나면서
하늘은 종교의 경전 속에 갇혔으며
하늘과의 교감 속에서 살았던 시대에서
수행과 기도의 시대로 바뀌었으며

가슴에서 하늘을 공명하던 시대에서
성령을 기다리고 축복을 기다리는
시대로 바뀌었습니다.
하늘은 나에게 복을 주는 존재로
하늘은 나의 죄를 용서해 주는 존재로
하늘은 나에게 깨달음을 주는 존재로
하늘은 나에게 복과 성령을 주는
인격적인 존재로 변하였습니다.

종교의 시대에
신은 인격성을 지닌 존재로 드러났습니다.
신을 인간의 잘잘못을 판단하고 심판하는
존재로 추락시켰습니다.
신의 이름으로
하늘의 이름으로
신의 대리자로서 교황이 나타났으며
전문적인 종교인들이 나타나면서
하늘의 눈높이가 아닌
인간의 눈높이에 맞는 하늘이 되었으며
인간의 눈높이에 맞는 신들로
하늘의 진리는 추락할 수밖에 없었습니다.

세속화된 종교에서는
윤회✢를 경전에서 삭제하였으며
내 안에 신성이 있다는 영성시대의 가르침들을
이단시하고 박해하였습니다.
인간이 가지고 있는 죄의식을 이용하여
인간이 가지고 있는
신에 대한 두려움을 이용하여

> **윤회(輪廻)**
> 영혼의 진화 과정상 육신(肉身)의 옷을 입고 물질 체험을 하기 위해 거듭 태어나는 것

정치와 종교가 커튼 뒤에서 손을 잡으면서
종교는 급속도로 물질화되었습니다.

종교의 시대는
신에 대한 두려움을 이용하여
인류들의 무지함을 이용하여
신의 이름으로
교리의 이름으로
성직자의 이름으로
인간이 인간을 억압하고 착취하는 것이
정당화되었으며
부조리하고 불합리한 일들이 생겨났으며
천국과 극락의 이름으로
면죄부를 사고파는 시대가 되었습니다.
제도화된 종교 속에서
신들은 경전 속에 갇히게 되었으며
인간의 인권과 존엄성은
철저하게 무시되었습니다.

인류 문명의 암흑기인 중세 시대는
신들의 시대였으며
종교의 시대였으며
교황의 시대였습니다.
마녀사냥이 종교의 이름으로 진행되었고
인간의 인권과 행복보다는
신의 행복과 기쁨이 더 위대한 가치가 되는
시대가 있었습니다.
중세의 암흑기를 끝나게 한 것은
신이 아니라 과학자들이었습니다.

과학자들에 의해 새로운 발명품들이 발명되고
산업 혁명 후 인류들은
과학 문명의 시대에 살고 있습니다.
과학의 시대에
종교는 많은 힘을 잃게 되었으며
영성은
제도화되고 세속화된 종교의 한 모퉁이에
명맥만을 이어가고 있습니다.

과학의 시대에는
종교가 인류의 가슴에
하늘을 대신하여 자리 잡고 있었으며
과학의 시대가 급속도로 발전하면서
자본주의의 급속한 팽창 속에서
물질의 풍요로움 속에 살고 있는 인류에게
종교 역시 더 이상 불필요한 것으로
되어버렸습니다.
풍요로운 물질의 시대에
진리는 꼭 필요한 것이 아닙니다.
진리보다는
돈이 더 필요하기 때문입니다.

인류는 가슴 속에서
하늘을 잃어버린 지 오래 되었습니다.
인류의 가슴 속에서
하늘이 사라진 지 오래 되었습니다.
인류의 마음속에는
돈과 재미를 추구하는 마음들로
가득 차 있습니다.

인류의 마음속에는
사랑보다는
정의의 심판을 더 선호하게 되었으며
종교 역시 힘을 잃었으며
영성은 흔적조차 찾기 어려워지면서
소수의 마니아들이나 관심 갖는 시대가 되었습니다.

인류의 가슴에는
더 이상 하늘이 존재할 공간이 없으며
하늘이 있었는지조차 잊어버렸습니다.
의서에나 기록된 경락의 존재처럼
하늘은 인류의 가슴에서 급속도로 사라졌습니다.
귀신의 존재는 믿어도
자신의 가슴속에 늘 있는
영혼의 존재는 믿지 못하는 것이
인류의 슬픈 현실입니다.

하늘을 잃어버린 인류에게
당신이 하늘이라면 어떻게 하시겠습니까?
인류의 가슴 속에서 사라진 하늘을
당신이 하늘이라면
하늘이 있음을 어떻게 전하겠습니까?
당신이 하늘이라면 진리와 진실보다는
돈과 빵이 더 필요하다고 느끼는 인류에게
어떻게 하시겠습니까?

하늘을 잃어버린 인류에게
하늘은 천둥과 번개로 이야기할 것입니다.

하늘을 잃어버린 인류에게
하늘은 조율을 시작할 거라고 이야기합니다.

하늘을 잃어버린 인류에게
하늘은 하늘의 실체를 드러낼 거라고 합니다.

하늘을 잃어버린 인류에게
하늘은 하늘 무서운 줄 모르는 인류에게
하늘의 맨얼굴들을 드러낼 것입니다.

새 하늘과 새 땅을 열기 위해
인류가 잃어버린 하늘을
가슴속에서 되찾을 때까지
인류가 잃어버린 사랑을 되찾을 때까지
하늘은 하늘의 맨얼굴을 인류를 향해
보여줄 것입니다.
참 아프고 아픈 세월이 다가오고 있습니다.
인류가 한 번도 경험하지 못한
대격변의 순간이 올 것입니다.
신발 한 짝 신을 수 없는 시간들이 올 것입니다.
인류가 잃어버린 하늘을 되찾고
인류가 잃어버린 신성을 되찾고
인류가 잃어버린 사랑을 되찾을 때까지
참 많은 아픔과 이별들을 겪게 될 것입니다.

하늘을 잃어버린 인류들의 건승을 빕니다.

지구 행성에 설치된
어둠(물질)의 매트릭스 특징

지구는 우주에서 가장 아름다운 행성입니다.
푸른 행성 지구는
눈이 부시도록 아름답습니다.
아름다운 꽃에는 가시가 있듯이
아름다운 행성 지구는
참 많은 아픈 비밀들이 숨어 있습니다.

지구라는 별은
17차원의 가이아◆ 의식이 주관하고 있으며
17차원 가이아 의식은
대우주의 주재자인 창조근원(18차원 18단계)의
특수 에너지 의식으로
고타마 싯다르타(석가모니)께서
행성의 의식을 주관하고 있습니다.
가장 높은 차원의 창조주의 의식이
지구 행성을 주관하고 있습니다.
지구 행성은 너무 아름답고 아름답습니다.
치명적일 만큼 풀 한 포기 나무 한 그루
아름답지 않은 것은 아무것도 없습니다.

가장 밝은 빛이 거하는 곳이기에
가장 강한 어둠(물질)의 매트릭스가
설치되어 있는 곳도 지구 행성입니다.
지구 행성의 물질 매트릭스를 총 주관하고 있는
총사령관은 11차원 최고 관리자이며

가이아(Gaia)
행성을 생명과 의식을 가진 존재로 부르는 이름.
각 행성마다 의식의 기원과 차원이 다르며, 지구 가이아는 18차원 18단계 창조근원으로부터 직접 분화한 17차원의 존재임.

지구에서의 명칭은 사나트 쿠마라입니다.
이분의 우주적 신분은 11차원에 존재하면서
어둠의 매트릭스를 설치하고
관리하고 지휘하고 있으며
이번 지구 차원상승 과정에서
빛과 어둠의 치열한 영적 전쟁에서
물질세계의 어둠의 총사령관 역할이며
우주에서의 이름은 우스라입니다.
창조근원의(18차원 18단계)의 패밀리 그룹으로
11차원에 존재하며
빛과 어둠 중 어둠의 역할을 맡고 있습니다.

지구 행성의 물질의 매트릭스는
18차원 15단계인 오메가(어둠의 역할을
맡고 있는 4번째 창조주)로부터 기원하였습니다.
어둠의 정부의 수뇌부들은
18차원 15단계에서 특수 훈련을 맡고 있으며
지구 행성에 물질(어둠)의 매트릭스를 설치하고
유지하고 관리하고 있습니다.
어둠의 정부 최고 수뇌부는 9명입니다.

파충류 외계인
기립형 파충류 종족으로 렙틸리언(reptilian)이라고도 불림.
지구에 정착하여 오랜 세월 인류와 함께 살고 있으며 과학기술과 초감각 능력이 발달해 있으며 지구 물질문명을 이끄는 정재계의 배후세력임

파충류 외계인*들(350명)이 이들을 돕는
최고위 상부 조직입니다.
대부분의 18차원 15단계의 어둠의 일꾼들은
자신이 어둠의 일꾼인지도 모르는 채
권력을 좇고 돈을 좇고
정의를 부르짖으면서 살아가고 있습니다.
이들은 뿔을 달고 있지 않으며
겉으로 보면 성실하고 평범하게 보이지만
짙은 어둠의 성향을 갖고 있습니다.

물질행성은 빛과 어둠의 매트릭스가
하늘에 의해 설치되어 운영되고 있습니다.
우주학교가 설치되어 있는 물질행성일수록
물질의 매트릭스가 촘촘하게 설치되어 있습니다.
지구에 파견되어 온 18차원 15단계에서 기원한
어둠의 역할을 위해 파견된 이들은
18차원 15단계의 직접 지휘를 받고 있으며
18차원 18단계의 관리자 그룹의
직접 지휘를 받고 있습니다.
특수 훈련이 된 특공대입니다.
육신을 가지고 있지만
자신의 우주적 신분을 알고 있으며
자신들이 행성에서 해야 할 어둠의 역할과
임무를 누구보다 잘 알고 있으며
하늘의 완전한 통제 속에서
지구 행성의 보이지 않는 손으로 작용하며
각국의 정부들을 뒤에서 움직이는
보이지 않는 손입니다.

지구 행성에 존재하는 어둠의 13가문 역시
상층 지휘부 350명에는 들어가지 않으며
인류가 인지할 수도 없으며
인류가 알아볼 수도 없으며
철저한 비밀주의에 의해 움직이고 있으며
이들 가문에 의해 전 세계의 정치와
경제 등이 움직이고 있습니다.

빛의 일꾼 144,000에 속하지만
그 역할과 임무에 의해

중간계와 어둠의 매트릭스를
가지고 온 그룹이 있는데
이들 그룹은 14차원 15단계의 지휘를 받고 있으며
이들 역시 18차원 18단계의 지휘를
받고 있습니다.
이들의 역할은 약 600년 전부터
전 세계에 출현하기 시작하였으며
그동안 지구 행성에
어둠의 매트릭스를 설치하고 관리하고
유지하는 역할이 있었습니다.
하늘의 큰 그림들을 설계하고
문명의 밑그림들을 계획하는데
땅에서 하늘의 일을 계획하고 주도하는
어둠의 역할과 어둠의 권세가
이들 그룹(가문)에 주어진 하늘의 소명이었습니다.
마지막 때인 아마겟돈의 시기에
이들 14차원 15단계의 어둠은
짙은 어둠인 18차원 15단계에 의해
권력 싸움에서 실권하면서
전 세계의 모든 분야에서 아마겟돈이
시작되는 것입니다.
더 짙은 어둠과의 경쟁에서 패배하면서
이들 또한 의식의 각성이 일어나며
의식이 깨어난 이들에 의해
짙은 어둠들이 대자연의 격변과 함께
물러나게 되는 것이
아마겟돈의 큰 그림임을
우데카 팀장이 기록으로 남깁니다.

지구 행성에 물질의 매트릭스를 설치했던
어둠의 형제들(어둠의 천사 = 사탄)의
지능은 5차원 어둠의 천사들이 400이며
7차원의 어둠의 천사들의 지능은 700 정도이며
9차원의 어둠의 천사들은 지능이
1200 이상이 됩니다.
5차원과 7차원과 9차원의 어둠의 역할을
맡고 있는 천사님들을 11차원에서
지휘하고 있습니다.

인류들이 눈에 보이는 것을 전부로 알고
살아갈 수 있도록 유도하고
종교의 진리들을 교묘하게 왜곡하는 역할을
맡고 있습니다.
성에 대한 왜곡을 지휘하고 있으며
인류가 자신의 영혼의 수준에 맞는
공부를 하기 위해 이들은 철저하게
행성의 물질 매트릭스의 난이도를
조정하고 조율하고 있습니다.
화폐를 도입하여
돈의 노예로 살게 만들었으며
낡은 종교의 매트릭스들을
시대마다 붕괴시키고
새로운 종교 매트릭스를 만들어
인류가 새로운 시대에 새로운 종교에 갇혀
진리를 찾지 못하도록
진리에서 멀어지도록 하는 것이
창조주께서 이들에게 부여한 특권이며
신성한 임무입니다.

이들이 있기에 지구 행성은
우주학교로서의 역할을 할 수 있었으며
인류는 250만 년 동안
다양한 물질 체험을 통해
다양한 종교 생활을 하면서
다양한 문화와 문명들의 모순 속에서
사랑의 본질을 찾아가는
영혼의 공부를 할 수 있었으며
자기의 의식수준에 맞는 진리를
찾아갈 수 있었습니다.
시대별로 사회와 경제구조에 맞는
종교와 학문들을 체험할 수 있었습니다.

어둠의 역할을 맡고 있는
역할자들의 가장 큰 자부심은
물질의 매트릭스를 행성에 제일 먼저 도입하고
설치하고 있다는데 있습니다.
우주에서의 최신식 기술들은 이들에 의해
지구 행성에 도입되었습니다.
주로 금성의 5차원의 기술들을
지구에 입식하였으며
어둠의 역할자들은 과학자로 많이 윤회하고 있으며
행성의 문명을 선도하는 역할을
맡고 있습니다.
각 분야의 최고 전문가 그룹들을
움직이고 있는 그룹들 역시
어둠의 역할을 맡은 형제들이며 이들에 의해
행성의 물질 매트릭스의 난이도가 결정됩니다.
행성에서 태어나 살고 있는

아무것도 모르고 살아가고 있는 인류들에게
빛과 어둠의 균형을 맞추어 가며
매트릭스를 설치하고 운영하고 관리하는
역할 역시 이들에게 주어진 특권입니다.

지구 행성은 지축의 이동과 함께
대자연의 격변과 함께
250만 년 동안 지구 행성에 설치된
물질(어둠) 매트릭스들이 모두 붕괴될 것입니다.
사랑하는 사람들을 잃는 고통보다 더 큰 고통으로
자신이 믿고 있던 종교들이
자신이 상식이라고 생각했던 것들이
그 실체를 드러내며 거짓으로 드러날 것입니다.
자신이 당연하다고 믿었던 모든 것들이
거짓으로 드러나게 될 때
인류는 더 많은 상실감과 고통이 올 것이며
멘붕이 올 것입니다.

이것을 영성계에서는 빛과 어둠의 치열한
영적전쟁이라고 하였으며
물질 매트릭스가 붕괴되는 그때를
아마겟돈이라고 하는 것입니다.
참 많은 고통과 아픔을 겪고 난 뒤에야
지구 행성에 설치된
물질의 매트릭스가 그물망처럼
얼마나 촘촘하게 설치되어 운영되고 있었는지
인류들은 식인을 하는 파충류형 외계인들을
직접 눈으로 체험한 뒤에야
알아채고 눈치챌 수 있을 것입니다.

지구 행성은 격변과 함께
교정 시간을 맞이하게 될 예정입니다.
아마겟돈을 거치면서 정교하게 설치된
종교의 매트릭스들이 붕괴될 것입니다.
대공황을 거치면서 신용 화폐(돈)의
매트릭스 구조가 붕괴될 것입니다.
이것을 계획하고 설치하고 운영한 운영 주체는
처음에도 하늘이었으며
나중도 하늘이라는 것을
인류들은 알게 될 것입니다.

하늘 뒤에는 창조주가 있으며
이 모든 것들의 처음과 끝은
대우주의 주재자인 창조주라는 것을
인류가 알게 될 때
지구 행성에 새 하늘과 새 땅을 열기 위한
참 아픈 세월이었음을 알게 될 것입니다.

이 우주에선 아무것도 잘못되는 것은 없습니다.

자신의 의식 수준에서
정의를 말하면 되는 것이며
자신의 의식 수준에서
사랑을 이해하고 실천하는 것입니다.
자신의 의식 수준에서
진리를 진리라고 인식하는 것이
영혼이 윤회를 하는 이유이며
창조주께서 당신에게 이 아름다운 지구에서
삶을 허락하신 이유입니다.

우리 모두는
각자의 의식 수준에서
우주의 사랑을
우주의 진리를
배우고 있는 학생들이며
영혼의 여행자들입니다.

이 우주에선 아무것도 잘못되는 것은 없습니다.

당신은 당신의 의식 수준에서
자유의지를 가지고 모든 것을 선택할 수 있으며
당신은 당신이 옳다고 믿는 것에
당신은 그 어떤 결정과 판단도 할 수 있는
영적 주권을 가진 존재입니다.
당신은 당신이 선택하고 판단한 모든 것에
책임을 져야 하는 존재입니다.
당신은 당신의 의식 수준에서
당신의 존재 그 자체로
창조주의 사랑과
창조주의 신성을 표현하고 있는
창조주의 자녀라는 것을 잊지 마시기 바랍니다.

이 우주에선 아무것도 잘못되는 것은 없습니다.

이 글을 읽는 당신의 건승을 빕니다.

지구 행성에 설치된
종교 매트릭스 분석 : 전편

영혼마다 나이가 다릅니다.
영혼마다 생각의 차이가 나타납니다.
영혼마다 의식의 수준이 다릅니다.
영혼마다 진화의 여정이 다 다릅니다.
영혼의 진화 과정에 맞추어
이번 생애에 배워야 할 인생 프로그램에 따라
자신의 카르마와 인연법들에 맞추어
성격(personality)의 큰 틀이
보이지 않는 하늘에서 조율되어
인간은 육신을 입고 태어나게 됩니다.

의식의 층위는
사람마다 다양하게 나타납니다.
영혼들마다 진화 과정이 다 다르고
물질학교에서 배워야 하는 공부의 내용이
다를 수밖에 없습니다.
영혼들의 물질 체험을 통한
물질학교(우주학교)를 운영하는 하늘의 입장에서는
유아원에 맞는 프로그램(도덕)에서부터
초등학생용 프로그램(지식)도 필요하며
중학생용 프로그램(사상)도 필요하며
고등학생용 프로그램(철학)도 필요하며
대학생용 프로그램(과학)도 필요하며
대학원생용 프로그램(종교)도 필요하며
성인을 위한 프로그램(영성)도 필요하기 때문에

다양하고 세밀하게 매트릭스들을
다양한 문화나 다양한 문명으로
하늘은 펼쳐 놓았습니다.

모든 영혼들에게는
물질여행의 목적에 맞는 이수 과목들이
촘촘하게 설계되어 있습니다.
문화나 문명의 최고 정점에는
정치와 종교가 있습니다.
하늘의 입장에서는
물질여행에 참여하고 있는 영혼들에게
다양한 이수 과목들이 부여되었으며
영혼의 층위가 다양하게 존재하기 때문에
정신(마음)의 중요성을 공부하기 위해
모든 기억을 지운 채
우주적 계급장을 떼고
온갖 봉인들을 설정해 놓고
물질의 매트릭스(장애물)들이 강하게 설치된
지뢰밭을 통과하는 과정이
육화된 모든 영혼들에게 주어진 숙명입니다.

자신의 영혼의 나이에 맞게
자신의 영혼의 육화 프로그램에
최적화된 난이도를 가지고 여러분들은
이곳 지구 행성에 250만 년 전에 오셨습니다.
너무나 아름다운 행성에
물질의 매트릭스가 촘촘하게 설치된 행성에
물질의 소유가 최고의 가치인
암흑 행성(물질 행성)에 공부하러 온

용기 있는 학생들입니다.
우주에서 모집 공고를 보고 자원해서 온
공부 잘하는 우수한 학생들입니다.

물질적 풍요가 가득 찬 행성에서
보이는 것이 전부로 알고 있는 행성에서
온갖 장애물들을 극복하며
보이지 않는 하늘(우주)의 진리를
찾아가는 여정이
당신의 영혼이 이곳 지구 행성에
태어난 이유입니다.
자신의 영혼의 진화 과정에 맞추어
하늘이 설치한 다양한 장애물들을 극복하고
참나의 근원을 찾아가는 과정입니다.

모든 종교의 최종 목적지는
진리를 찾는데 있습니다.
지구상에 펼쳐진 모든 사상과 철학들이
존재하는 이유는
우주의 법칙과 우주의 진리를
찾아가기 위함입니다.

하늘은 인류들을 위해
유치원생에서부터 성인에 이르기까지
모든 영혼들의 배움을 위해
보이지 않는 세계를 다양하게
영혼들의 눈높이에 맞춘 종교의 매트릭스를
물질계에 펼쳐 놓았습니다.

하늘이 설치한 종교 매트릭스의 유형을
다음과 같이 우데카 팀장이 전합니다.

오직 감사와 축제를 즐기고 배우기 위한
가장 낮은 단계의 종교 매트릭스들이
하늘에 의해 설치되어
특정 지역에서 운영되고 있습니다.

도덕과 양심을 중요시하며
소규모 집단이나 소규모 사회구조에 맞는
낮은 단계의 종교 매트릭스를
하늘이 설치하여 운영하고 있습니다.

신과 하늘이 존재하는 이유가
내 기도를 들어주고
내 가족의 건강을 지켜주고
내 가족의 행복을 위해 존재한다는
의식에서 벗어나지 못한 인자들을 위해
하늘에서 준비한 기복 신앙*인들을 위한
다양한 층위의 종교 매트릭스가
성황리에 운영되고 있습니다.
이곳은 복을 받기 위해
인산인해를 이루고 있으며
문전성시를 이루고 있으며
기복 신앙의 기도를 하는 사람들의
의식의 눈높이에 맞게
촘촘한 그물망처럼
다양한 종교 매트릭스를 설치하여
운영하고 있습니다.

> **기복 신앙(祈福信仰)**
> 신앙의 대상이 되는 존재의 뜻과 진리를 추구하기보다는 입신양명, 무병장수, 자손의 번영 등 복을 구하는 것을 최고의 목적으로 삼는 초보적이고 현세적인 형태의 신앙

아무도 모르게
아무도 모르게
하늘의 지원과 관리 속에 있으며
기도를 통해 복을 받으려는 대중들에게
가장 인기 있는 종교 매트릭스입니다.

불합리한 사회와 부조리한 사회를
개혁하기 위한 이론적 토대를 제공하고
사회정의를 강조하는
비결서나 예언서를 바탕으로 한
종교의 매트릭스 역시
시대 상황에 맞게
시절인연에 맞게
하늘이 설치하여 운영하고 있습니다.

귀신 선생님을 통한
귀신 체험을 통해
다양한 귀신들을 통해
보이지 않는 세계에
첫 입문을 공부하는 과정 또한
하늘에 의해 개설되어 있으며
인류의 눈높이에서 관리되고 있습니다.

빛과 어둠의 이원성(二元性)
빛 속에서 어둠을 체험하고 어둠 속에서 빛을 체험하는 방식을 통해 빛과 어둠은 분리될 수 없으며 본질적으로 하나라는 것을 배우기 위해 빛과 어둠의 특성을 분리 대립하여 더욱 강렬하게 체험하는 과정

어둠의 역할(사탄)을 맡고 있는
천사님들을 체험하며
빛의 역할을 하고 있는 천사님들을
다양하게 체험하고 경험하면서
옳고 그름을 뛰어넘어야 하고
빛과 어둠의 이원성❖을 극복하는

가장 난이도가 높은 종교 매트릭스가
하늘에 의해 개설되어 있습니다.
하늘의 완전한 통제 속에
하늘의 치밀한 교육 과정 속에
인류들은 빛과 어둠의 이원성을 가장 극적으로
공부(체험)하고 있는 중입니다.

수행과 기도를 통해
보이지 않는 세계의 진리의 문으로
입문하는 인자들을 위해
가짜 도사가 되는 과정이 설치되어 있으며
진짜 대사(진인)가 되어
참나를 찾아가는 프로그램이
하늘에 의해 설치 운영되고 있습니다.

인문학에 대한 깊은 이해 없이
우주에 대한 깊은 이해 없이
인간에 대한 깊은 이해와 사랑 없이
뜨거운 가슴만을 가진 채
자기만족을 위해
깨달음을 얻어 인류 사회를 이롭게 하겠다는
생각을 하는 인자들을 위해
시대별로 역사적 격변기에
사명자 프로그램과
거짓 선지자 프로그램을
하늘에서 운영하고 있습니다.

기존 종교에 실망하고 절망한 사람들이 모여
영성을 공부하는 이들을 영성인이라고 하는데

이들을 위해 준비한 하늘의 커리큘럼이 있으며
이것을 여시아문의 세계라고 합니다.
뻥카(거짓) 채널과 뻥카(거짓) 영상을 보여주며
수행자들의 자만과 교만을 부추기고
참과 거짓을 분별하는 시험을 통해
하늘의 좁은문을 열어야 하는
난이도 높은 프로그램이 운영되고 있습니다.

지구 행성은 우주에서
가장 아름다운 행성 중 하나입니다.
그만큼 물질의 유혹이 강한 곳이며
다른 물질학교(우주학교)에 비해
난이도가 12배 정도 높은 행성입니다.
학생들의 눈높이에 맞는
다양한 층위의 종교 매트릭스가 설치되어
운영되고 있습니다.
유치원생이 미분 적분을 풀 수가 없는 것처럼
수학 문제의 난이도처럼
영혼의 나이에 맞는
영혼의 진화 과정에 꼭 맞는
영혼의 의식 수준과 눈높이에 맞추어
다양한 종교의 다양한 매트릭스가
의식의 층위별로 촘촘하게
지구 행성에 설치되어 있습니다.

지구 행성에 설치된
종교(정의) 매트릭스 분석 : 후편

물질학교를 운영하는 운영 주체는
하늘입니다.
자신의 눈높이에 맞는 수학 문제가 있듯
자신의 의식의 눈높이에 맞는
자신의 영혼의 나이에 맞는
자신의 영혼의 진화 과정에 맞는
다양한 층위의 신들과
제도화된 다양한 종교를 경험하고자
육신의 옷을 입고 인류들은
영혼의 물질 여행을 하고 있는 것입니다.

창조주로부터
영의 분화를 통해 탄생한
비물질체인 영들은
창조주께서 대우주에 다양하게 펼쳐 놓으신
물질 세상을 모두 경험하면서
창조주 곁으로 돌아가는
영혼의 여행을 떠나온 우주의 여행자들입니다.
창조주의 품으로 돌아갈 때까지
창조주께서 펼쳐 놓은 광활한 우주에서
비물질 에너지체로서
전체의식에 봉사하는 동시에
물질 체험을 통해 진화하는 프로그램을
이수해야 하는 것이
모든 영들의 운명이자 숙명입니다.

창조주께서 대우주에 걸쳐
펼쳐 놓으신 광활한 우주에서
물질 체험을 통해
창조주의 사랑을 경험하고
창조주의 사랑을 체험하고
창조의 원리들을 이해하고
창조의 원리들을 체험하면서
창조주가 되어가는 과정에 있으며
창조주의 의식으로 하나가 되어 가는 과정에
있는 것입니다.

어둠 속에서
암흑 속에서
장애물 속에서
자신의 의식 수준에 맞는
사랑을 배우고 익히는 과정이며
자신의 의식 수준에 맞는
진리를 찾아가는 과정이
영혼의 진화 과정이며
삶의 목적인 것입니다.
모든 영혼들이
물질 세상에서 만나고 체험해야 하는
신과 종교에 대한 공부 과정을 위해
리얼한 공부를 위해
종교 매트릭스를 다양하게 펼쳐 놓았으며
다양한 종교가 지구 행성에 필요한 이유입니다.

정의라고 다 같은 정의가 아닙니다.
정의 역시 의식의 층위에 따라

다를 수밖에 없으며
달라질 수밖에 없는 것입니다.
정의의 방식으로만
세상은 운영될 수 없으며
정의의 방식으로
대우주 역시 운영되지 않습니다.
정의의 방식으로 우주가 운영되었다면
이 우주는 이미 자체 모순으로 인하여
붕괴되었을 것입니다.
정의에도 다양한 층위가 존재합니다.
수평적인 평등을 중요시하는 정의에서부터
형식적인 평등을 중요시하는 정의에서부터
실질적인 평등을 중요시하는 정의도 있으며
조건 없는 사랑 같은 정의도 있으며
정의보다는 용서가
정의보다는 이해가
정의보다는 화해가 더 필요할 때가 있는 것입니다.
참 다양한 정의의 층위들을
다양한 종교 매트릭스를 통과한 정의들을
인류들은 배우고 경험하기 위해
물질 체험을 하고 있으며 이러한 체험들을 통해
의식이 성장하는 것입니다

정의의 최상위에는 사랑이 있으며
최고의 정의와 최선의 정의는 역시 사랑입니다.
사랑이 없는 정의와
인간에 대한 예의가 없는 정의와
생명에 대한 예의가 없는 정의들로
세상은 가득 차 있습니다.

신에 대한 두려움과 무지
신에 대한 편견과 오해들로
종교라는 필터를 거쳐 나온 정의를
신의 이름으로
신의 심판으로
정의라는 이름으로
서로가 서로에게 강요하고 있는 것입니다.

인류의 역사는 정의의 역사이며
인류의 역사는 종교의 역사이며
인류의 역사는
정의와 종교적 신념들이 펼쳐 놓은
물질 매트릭스의 역사인 것입니다.
정의의 이름으로
신의 이름으로
진리의 이름으로
이상 사회를 꿈꾸었지만
인류는 단 한번도
꿈꾸던 유토피아의 세계를 이루지 못했습니다.
이것이 물질 매트릭스 속에 갇히고
종교 매트릭스 속에 갇힌 인류의 역사입니다.
우물 안에서 우물 안을 넓혀 보려는
인간의 간절한 의지와 욕망이
인류 역사의 아픔이자 기록입니다.
하늘이 펼쳐 놓은
다양한 정의의 층위들을
인류는 물질 체험과 종교라는
매트릭스를 통과하며 성장하기 위해
이곳 지구 행성에 와 있는 것입니다.

사랑이라고 다 같은 사랑이 아니며
의식의 층위마다 필요한 사랑의 모습 또한
다양하게 존재하는 것입니다.
사랑의 층위는
의식의 층위에 따라 다르지만
사랑이 가진 본질이
변하거나 왜곡될 수는 없는 것이며
대우주는
창조주의 에너지인
사랑의 에너지로 창조되었으며
사랑으로 대우주는 운영되고 있습니다.

진리라고 다 같은 진리가 아닙니다.
의식의 층위에 따라
진리의 층위가 다르게 존재하는 것이
우주의 진리이며
우주가 다차원으로 존재하는 이유이기도 합니다.
창조주께서 대우주에 펼쳐 놓으신
사랑과 진리의 모든 층위를
에너지체와 물질체를 통해
모든 프로그램 과정을 이수하는 것이
영들의 여행의 목적이며
영혼들이 물질 체험을 하는 이유입니다.

지구라는 행성은
우주학교가 설치된 행성으로
물질의 매트릭스가 촘촘하게 설치된 행성으로서
물질의 매트릭스의 정점에
오염되고 왜곡되어 있는 종교가 있습니다.

다양한 종교의 매트릭스가
지구 행성에 존재한다는 것은 그만큼
지구 행성에는
영혼의 나이에 맞는
영혼의 의식 수준에 맞는
영혼의 진화 과정에 맞는
신이 필요했으며
종교가 필요했음을 의미합니다.

대우주는 너무나 크고 광활합니다.
대우주의 진리와 사랑 또한
그 의미가 너무 크고 다양합니다.
언어나 문자로 표현할 수가 없으며
어떤 하나의 종교 매트릭스에
다 담을 수가 없습니다.
인류의 눈높이에 맞추어
영혼의 나이에 맞추어
영혼의 진화 과정에 맞추어
다양한 종교 매트릭스가
지구 행성에 설치되었으며
모든 종교 매트릭스 속에는
대우주의 진리와 사랑이
자신의 종교 스펙트럼에 맞게
모두 들어가 있습니다.
이 모든 종교 매트릭스를 설치한 주체는
겉으로 보면 창시자가 인간이고
하늘의 계시와 영감을 받은
특정한 교주의 능력처럼 보이지만
그들 뒤에는 반드시 하늘이 있었으며

하늘의 계획이 있었으며
하늘의 계획을 실천할 인자들이
준비되고 있었습니다.

촘촘하게 설계된 종교 매트릭스 속에는
신에 대한 무지와 두려움으로 가득한
왜곡된 정의와 사랑과 진리들로 가득합니다.
이렇게 설치된 종교(어둠=물질) 매트릭스를
설치한 주체는 겉으로 보면
인간이 만들고
인간이 운영한 것처럼 보이지만
그 뒤에는 하늘이 있으며
인류와 하늘이 공동으로 창조한 것입니다.

종교 매트릭스의 설치는
하늘의 중요한 업무 중의 하나이며
물질학교의 특성과 물질학교의 난이도를
결정하는 중요한 인자입니다.
영혼들의 배움을 위해
영혼들의 영적 진화를 위해
하늘이 설치한 종교 매트릭스는
지구 행성의 인류에겐
하늘의 선물이며
하늘의 축복입니다.

종교 매트릭스를 설치한 것은 하늘입니다.
옳고 그름은
자기 의식의 눈높이에서 결정되는
판단일 뿐입니다.

모든 종교 하나하나에
인류를 위한
영혼들을 위한
자녀들을 위한
창조주의 사랑과 배려가 있습니다.

대우주의 사랑과
대우주의 전체의식에서 잠시 벗어나
여러분들은 배움을 즐기고 있는
영혼의 여행자들입니다.
여러분들은 너무나 아름다운 지구 행성에서
물질 체험을 마음껏 즐기고 있는 중입니다.
여러분들은
자신의 우주적 신분을 잠시 잊은 채
자신의 능력들을 봉인한 채
자신이 어디에서 왔다가
자신이 어디로 가는지도 모르는 채
지구 행성에서 공부 중인 학생입니다.
이 축제의 공부 과정을 이수하고 나면
여러분들은 이 우주에서
용기 있는 위대한 영혼임을
기억하시게 될 것입니다.
그날이 얼마 남지 않았습니다.
축제를 마음껏 즐기시길 바랍니다.

여러분들의 건승을 빕니다.

정의의 함정에 빠진 인류에게

세상을 움직이는 힘은 돈(자본)입니다.
아무도 가지 못하는 곳에도
사람이 가지 못하는 길도
돈은 갈 수 있기 때문입니다.

인간을 움직이는 힘은 욕망입니다.
욕망은 명분과 정의라는 방식으로
에고의 가면을 쓰고
물질에 대한 강한 집착과 권력욕을
드러내기도 합니다.
예의를 갖춘 사람처럼 행동하지만
남의 눈을 의식해 가며
남의 눈을 피해 가며
이익이 있는 곳에는 먼저 가 있으며
이익이 있는 곳에서는
자신의 계산기를 두드리면서
겉으로는 명분을 앞세우고
겉으로는 정의를 앞세우고
서로가 서로를 잘 알면서도
비난을 위한 비난을 하고
서로가 서로를 너무 잘 알면서도
비판을 위한 비판을 하고 있습니다.

나도 다 하면서
나도 그러면서

서로 다 알면서도
정적을 제거하기 위해
자신의 목적을 달성하기 위해
자신을 먼저 속이고
타인을 속이기 위한 도구로서
비난을 위한 비난을 하고
싸움을 위한 비판을 하면서
정의를 말하고 있습니다.

나의 정의가 당신의 정의보다 한 수 위라고
나의 정의가 당신의 정의보다 위대하다고
정의가 주는 자기 착각 속에
정의가 주는 자기 최면 속에서
타인을 향한 이해와 배려 없이
옳고 그름을 가리는 정의의 투사들이 되라고
대중들에게 정의로운 인간이 되라고 말하고 있습니다.
입으로는 시민을 위하고 국민을 위하고
나라를 위하고 인류를 위한 것처럼 말하며
정의로운 사람처럼 살아가고 있는 것이
남보다 앞서가는 우리 사회 지도자들의 모습입니다.

진실이 불편한 사람에게
정의는 불편한 것입니다.
진리가 불편한 사람에게도
정의는 불편한 것입니다.

정의는 명분이 있어야 힘을 얻을 수 있으며
정의는 비난과 비판의 바탕이 되며
나의 정의가 당신의 정의보다 더 옳고

더 정당하다는 전제 속에
타인의 정의를 무시하거나
심판의 성격으로 드러나게 되는 것입니다.

정의와 정의 사이에도
의식의 수준만큼, 가치관의 차이만큼
욕망의 크기에 비례하여 정의의 층위가
다양하게 존재하고 있습니다.
서로 다른 정의들이 충돌하고 있는 것이
삶의 모습이며
삶이 부조리하고 불합리하다고 느끼는
원인인 것입니다.

정의를 부르짖을수록
정의 사회를 외칠수록
정정당당함을 외칠수록
세상은 어둡고 힘든 시기라는 것을
우리들은 경험을 통해 알고 있습니다.

욕망을 가진 인간은
나의 정의와 타인의 정의 사이에는
늘 충돌과 대립이 존재할 수밖에 없으며
서로 간에 주장하는 정의의 층위가
다름을 알 수 있습니다.

보수가 생각하는 정의와
진보가 생각하는 정의가 다릅니다.
기독교인이 생각하는 정의와
불교인이 생각하는 정의가 다릅니다.

남편이 생각하는 정의와
부인이 생각하는 정의가 다릅니다.
아들이 생각하는 정의와
딸들이 생각하는 정의가 다릅니다.

일본이 생각하는 정의와
한민족이 생각하는 정의가 다르고
미국이 생각하는 정의와
중국이 생각하는 정의가 다릅니다.

생존을 위해
자유를 위해
행복을 위해
나의 정체성의 확립을 위해서도
정의는 꼭 필요합니다.

타인의 욕망을 제한하기 위해
남보다 경쟁에서 이기기 위해
나보다 앞서가는 사람을 공격하기 위해
강자가 약자의 것을 더 빼앗기 위해
약자가 강자로부터 자신을 지키기 위해
서로의 정의를 지키기 위한
보이지 않는 치열한 정의의 전쟁이
인류의 보편적인 역사이며
인간의 삶입니다.

정의의 방식은
어둠의 정부 인사들이
자신들의 정적을 제거하는 주요 방식입니다.

어둠의 일꾼들이 하늘의 진리를
인간의 눈높이로 추락시키고 왜곡할 때
자주 애용하는 방식 역시
인류의 의식 수준에 맞는 정의감을 이용하여
자신들의 목적을 이루어 내는 것입니다.
그 시대 인류들의 의식의 눈높이에 맞추고
인간의 에고를 충족시키면서
하늘의 진리와 진실들을 정의의 방식으로
교묘하게 오염시키고 있습니다.

정의의 방식은 법으로 해결하는 방식이며
정의의 방식은 폭로의 방식을 선호하며
정의의 방식은 비난과 비판의 강도를 높여
타인과 세상을 개혁하려는 방식이며
혁명과 전쟁의 명분이 되는 것입니다.

세상은 정의로 가득 차 있습니다.
정의가 없는 사람이 없으며
자신의 정의를 관철하려는 사람들로
가득 차 있습니다.
법으로 가릴 수 있는 정의도 있지만
법으로 판단하기 어려운 정의 역시 많습니다.
사회는 그만큼 이해관계들로 복잡해졌으며
인간의 욕망을 정의의 방식만으로
해결할 수 없는 구조적인 모순을 가지고 있습니다.

인류 사회는
정의를 앞세우는 사회로
급속도로 재편되고 있습니다.

자국민을 우선시하는 정의와
법과 원칙을 악용하는 정의와
상대방을 무너뜨리기 위한
정의의 방식들 사이의 강한 충돌이
생존의 불확실성 속에서
어려운 경제 상황과 맞물리면서
희생양을 찾기 위한 방편으로서
집단무의식의 형태로
우후죽순처럼 터져 나오고 있습니다.

자신이 속한 정파의 입장만을 내세우는 정의와
자신의 종교적 입장만을 앞세운 정의와
인간의 욕망 속에 자리 잡은
다양한 층위의 정의들끼리 충돌하는
혼란과 혼돈 속에 한국 사회가 있습니다.
진보의 정의와 보수의 정의가 대충돌하면서
정파적 입장을 앞세운 정의들이 충돌하면서
대통령 탄핵은 정의의 대결장이 되었으며
승자도 패자도 없는
정의의 함정에 깊이 빠져 들고 있습니다.

한국의 정치 사회는 이미
정의의 함정에 빠져 허우적대고 있습니다.
세계를 움직이는 주요 국가들 역시
정의의 함정에 깊이 빠져 들고 있습니다.

지구 행성의 물질문명이 종결되기 전
지구의 차원상승이 이루어지기 전
새 하늘과 새 땅을 열기 전

정의보다는 이해와 용서를
정의보다는 배려와 존중을
정의보다는 사랑과 자비와 연민의 마음이
소중하다는 것을 배우기 위해
어둠의 노련한 일꾼들을 통해
한반도를 중심으로
전 세계적으로
하늘이 준비한 정의의 함정이 바로
아마겟돈의 실체입니다.

정의의 아마겟돈을 거치면서
인류는 배우지 못한 사랑과 자비와 연민의
가치를 체험하게 될 것입니다.
참 아픈 역사가 시작되고 있습니다.
세상은 정의의 칼을 휘두르는
정의의 사도들로 넘쳐나고 있습니다.
자신의 의식 수준에 맞는 정의의 칼과 칼들이
부딪치고 있습니다.
익명의 그늘 속에서
자유의지의 남용 속에서
정의의 우월감 속에서
사회적 명분을 선점하기 위한
정의의 대결장이 되어 버렸습니다.

정의보다 더 소중한 것은
인간에 대한 예의이며
생명에 대한 존중입니다.

여러분들의 건승을 빕니다.

아마겟돈의 양상 I
어둠의 정부의 역할

물질문명의 종결을 앞두고
행성 주민들의 의식을 깨우고자
하늘이 의도적으로 일으키는
인위적 갈등이나 대립으로 생긴
극심한 혼란과 혼돈의 상태와
여기에 격변 수준의 자연 재해가 더해져
행성의 물질적 토대를 이루고 있는
정치와 경제, 사회 문화 및 종교 매트릭스들이
마비 또는 붕괴될 때를
아마겟돈이라 합니다.

지구 행성은
빛과 어둠의 양극성을 기반으로 운영되는
물질 매트릭스 시스템을 가지고 있습니다.
지구 행성을 커튼 뒤에서
실제적으로 운영하고 있는 존재들이 있는데
그림자 정부 또는
어둠의 정부라고 합니다.
영혼들의 풍부하고 다양한
물질 체험을 위해
지구 행성은 250만 년 동안
어둠의 역할을 맡은
어둠의 일꾼들에 의해
행성의 물질 매트릭스들이 설치되었으며
이들에 의해 관리되고 운영되었습니다.

어둠의 진영에게 창조주께서 부여한
어둠의 권세의 실체가 이것입니다.
그 결과 지구는
우주에서 물질의 매트릭스가
가장 촘촘하게 짜여져 있는 행성이었으며
물질문명의 난이도가 매우 높은
어둠의 밀도가 짙은 물질행성이었습니다.

어둠의 진영은
18차원 15단계의 어둠의 진영과
14차원 15단계의 어둠의 진영으로 구분됩니다.
어둠의 13가문들 간에 힘의 균형을 유지하면서
견제와 균형을 통해
지구 행성을 운영해왔습니다.

빛의 진영은
18차원 18단계의 자녀들인 단지파들 중
멜기세덱 그룹과
14차원 15단계의 지휘를 받는
아보날 그룹들과 데이날 그룹들이
빛과 어둠의 역할들을 해오면서
250만 년의 역사가 펼쳐졌습니다.

지구 행성의 물질문명 종결을 앞두고
하늘은 치밀하게 아마겟돈을 준비해 왔습니다.
어둠의 13가문들은 15세기 초에
전 세계적으로 동시대에 뿌려졌으며
이 이후의 인류 역사는
가문과 가문들 간의 회의에서

중요한 역사적 흐름들이 결정되었습니다.
어둠의 정부들의 보이지 않는 힘들이
커튼 뒤에서 정치와 종교들을
움직이고 있습니다.

금권을 이용하여
각 나라의 경제와 군부의 실세들을
커튼 뒤에서 움직이고 있으며
언론과 검찰들 역시 보이지 않는 손들의
영향력 속에 있어 왔습니다.
모든 것이 시대정신처럼 보이고
정의를 실현하고
정의의 확장처럼 보이고
한 인물의 자유의지처럼 보이지만
모든 것은 어둠의 정부에 의해
어둠의 정부를 움직이는 하늘에 의해
치밀하게 준비되고 계획된 역사였습니다.

하늘이 지구 행성에
어둠의 일꾼들을 통해
빛의 일꾼들을 통해
빛과 어둠의 치열한 양극성의 실험들이
진행되었습니다.
어둠의 13가문들 또한 겉으로 보면
자신의 가문의 이익을 위해
치열한 권력 투쟁을 하고 있는 것처럼 보이지만
이들 가문의 최고 수뇌부들은
하늘과 소통하고 있었으며
자신의 역할과 임무를 정확히 알고 있었습니다.

그들은 자신의 우주적 신분을 알고 있었으며
창조주로부터 부여된 어둠의 권세를
자신에게 주어진 사명으로 여기며
자신에게 주어진 권세 안에서
하늘의 통제와 조율 속에 임무와 역할을
수행해 왔습니다.
이들은 하늘에서의 기억을 가지고 있으며
봉인을 최소화하여
일반인들과는 비교할 수 없는
능력과 권능을 가지고 태어나게 됩니다.

13가문마다 특수 교육 과정이 있으며
서로가 서로를 알아볼 수 있는
영적인 능력이 있으며
하늘과의 소통 속에서
하늘의 완전한 통제 속에서
지구 행성의 물질 매트릭스를
하늘이 원하는 대로
난이도를 시대에 맞추어 펼쳐 놓았으며
지구 행성을 하늘을 대신하여
관리하고 통치하여 왔으며
이것이 그들의 권세이자 하늘이 부여한
역할과 임무인 것입니다.

우리에게 알려져 있는
일루미나티, 프리메이슨, 로스차일드,
록펠러 같은 그룹들은
13가문을 보호하기 위한
하부 조직들 중 일부에 지나지 않습니다.

로스차일드(Rothschild)
국제적 금융기업을 보유하고 있는 유대계 금융재벌 가문. 유럽을 중심으로 성장하여 미국을 포함한 전 세계의 금융권을 장악하고 있음

이들 가문들은 말 그대로
그림자처럼 실체를 알 수도 없으며
일반인들이 접근조차 할 수 없으며
인류가 상상할 수 없는 방법으로
가문을 지키고 위장하면서
아무도 모르게
아무도 모르게 커튼 뒤에서
정치를 움직이고
경제를 움직이고
군대를 움직이고
언론을 움직이고
검찰을 움직이면서도
실체가 없는 비밀 조직으로 운영되고 있습니다.

아마겟돈이란
하늘이 준비한 진정한 아마겟돈이란
이들 가문들 간의 권력 투쟁의 과정들 속에서
가문들이 내세운 대리자들끼리 벌이는
기득권을 지키고자 벌이는
권력 싸움들을 통해
인류의 의식을 깨우고자 하는데
하늘의 숨은 뜻이 있습니다.

18차원 15단계의 지휘를 받는 8가문의
어둠의 일꾼들 역시 하늘과의 소통 속에서
자신의 역할을 수행하고 있는 것입니다.
14차원 15단계의 지휘를 받는 5가문의
어둠을 가장한 빛의 일꾼들 역시
하늘의 명령을 받고 있으면서

어둠과 어둠끼리
가문과 가문끼리
가문의 대리자와 대리자들 사이에서
이권을 놓고 벌이는 싸움처럼 보이지만
전체적인 그림을 놓고 보면
인류의 의식을 깨우기 위해 진행하고 있는 것입니다.

거대 권력을 가진 13가문들이
하늘이 준비한 잘 짜여진 시나리오대로
지구 행성의 물질문명의 붕괴를 위해
모순을 드러내고
갈등을 부추기며
인간이 가진 욕망들끼리의 충돌을 일으키며
인류의 눈높이에 맞추어
아마겟돈을 펼치고 있는 것입니다.

모두가 하늘의 뜻이라 알고 행동하며
모두가 신의 이름으로
자신의 행동을 의지화하고 신념화하면서
치열한 영적 전쟁이
눈에 보이는 갈등으로 펼쳐지는 것입니다.
이 모든 혼란과 갈등 뒤에는
아마겟돈을 위한 하늘의 계획이 있으며
하늘에서 한 치의 오차 없이 준비한
어둠과 어둠끼리
어둠과 빛의 진영 간에
눈에 보이지 않는 치열한 영적 전쟁이
눈에 보이는 정치적 투쟁이나 갈등으로
나타나게 되는 것입니다.

2016년 10월 23일을 기점으로
18차원 18단계(창조근원)의 스타게이트와
18차원 15단계(오메가)의 스타게이트가
동시에 지구 행성에 확장 개통되었으며
에너지들이 지구 행성에 정박을 마치면서
빛과 어둠의 치열한 영적 전쟁인
사랑의 방식과
정의의 방식 간의
아마겟돈이 시작되었습니다.

아는 것만큼 세상이 보이는 법입니다.
어둠의 정부를 모르고
역사를 이야기할 수 없으며
어둠의 정부를 모르고
빛과 어둠의 통합을 이야기할 수는 없습니다.
어둠의 13가문을 모르는 채
지구 행성의 물질 매트릭스를 말할 수 없으며
하늘이 일하는 방식을 모르는 채
종교를 이야기할 수 없습니다.

의식의 깊은 잠에서
깨어날 인자들은 깨어나게 될 것입니다.
한반도에서도
미국에서도
전 세계 곳곳에서
물질문명을 종결하기 전
인류의 의식을 깨우고자
하늘이 준비한
빛(사랑)과 어둠(정의) 사이의

치열한 아마겟돈이
전 세계적으로 진행되고 있습니다.
자연재해가 발생하면서
아마겟돈을 풍부하게 할 것이며
지구 행성의 물질적 토대를 붕괴시키고
새로운 정신문명을 위한
지축의 정립이 7번에 걸쳐 일어날 것입니다.
경제는 붕괴될 것이며
공황이라는 말은 사치가 될 것이며
신발 한 짝 신을 시간조차 없이
많은 인류들이 육신의 옷을 벗게 될 것입니다.

왜 이런 일이 일어나는지도 모르는 채
지구에 무슨 일이 일어나는지도 모르는 채
하늘이 왜 이렇게 하는지도 모르는 채
알려고도 하지 않은 채
아무것도 모르는 채
지구 행성을 떠날지도 모르는 인류에게
눈에 보이는 것이 전부가 아니라고
당신이 믿고 있는 하늘은 하늘이 아니라고
당신이 알고 있는 하늘과
하늘의 실체는
너무나 다르다는 것을 알려줄 것이며
인류들은 자신의 의식의 눈높이에서
체험하게 될 것입니다.

하늘은 시치미를 뚝 떼고
지축 이동이 일어나기 전
어둠의 정부들을 통하여

인류의 눈높이에 맞추어
물질 매트릭스를 구성하고 있고
물질 매트릭스를 운영하고 있는
주체들끼리의 극렬한 권력 투쟁을 통하여
사회에 광범위하게 펴져 있는
정의의 허구성들을 드러내 보일 것입니다.
극심한 정치와 사회 혼란을 겪으면서
사랑의 방식을 택할 것인지
정의의 방식을 택할 것인지
하늘은 그저 지켜볼 것입니다.

아마겟돈의 최종 목적은
인류의 의식을 깨워 진행하는
한반도를 중심으로 한 개벽이며
새로운 정신문명의 출현입니다.
이 모든 것의 처음과 끝에는
하늘이 있으며
하늘의 뜻이 땅에서 이루어지는 과정입니다.
이 과정 모두를 아마겟돈이라 합니다.
그 과정이 이미 시작되었음을
우데카 팀장이 전합니다.

그렇게 될 것이며
그렇게 예정되어 있으며
그렇게 되었습니다.

아마겟돈의 양상 II
영적 능력의 회수

종교의 백화점인 우리나라에는
1910년 이후 자신이 창조주라고 자칭하는 사람이
120명이 넘게 활동하고 있었으며
자신이 재림 예수라고 자칭하는 사람이
국내에만 50명이 넘게 존재하였습니다.

자신이 영적인 능력을 사용하고 있으며
자신이 영적 능력이 있다고 믿고 있는
사람들의 숫자는 5천 명이 넘습니다.
기독교인들 850만 명 중(2015년 기준)
정통이라 하는 자신들의 교리와 다른
기독교 내의 이단과 사이비 종교인들이
200만이 넘는다고 주장하고 있습니다.

그 밖에 우리나라에는
이름도 생소한 민족종교들이 많아도 너무 많이
존재하고 있습니다.
미래에 올 재난을 대비하기 위해
예언서와 비결서들을 믿는 비결파들 역시 많이 있으며
재난 때 목숨을 구할 수 있다는
주문 수행을 하고 있는 종교인들 또한
헤아릴 수 없을 만큼 존재하고 있습니다.

자신이 하늘의 소리를 듣고
보이지 않는 빛을 보고

내면의 소리를 듣고 있는 영성인들 또한
헤아릴 수 없을 만큼 많이 있습니다.
우리나라는 종교의 천국이며
세계의 모든 종교들이 활동하고 있는
종교의 백화점과 종교의 박물관이라 할 만큼
다양한 스펙트럼을 가진 종교인들로
넘쳐나고 있습니다.

우리나라에 이렇게 많은 종교들이
활동하고 있는 이유는 다음과 같습니다.
한반도는
지구 행성의 문명이 시작된 곳이며
지구 행성의 문명이 종결되는 곳입니다.
이때를 위해 250만 년 동안 지구 행성에 펼쳐졌던
중요한 종교들이 한반도에 다 들어와 있으며
종교 지도자들 대부분이
한반도에 태어나 살고 있으며
다양한 종교 매트릭스들이 하늘의 계획에 의해
한반도에 펼쳐져 있습니다.

250만 년 동안 지구 행성에 쌓여진
종교의 카르마 역시
한반도에서 결자해지해야 하는
하늘의 계획이 있기 때문입니다.
문명을 종결하기에 앞서
모든 종교적 카르마들을 해소해야 하는 것이
하늘의 입장에서 보면 어쩌면 당연한 것입니다.

한 행성의 문명을 주도해 온 단지파들이

행성의 문명이 종결되는 이 시기에
그 카르마들을 모두 한반도에 모아 놓고
결자해지를 위해
종교의 해체를 위해
종교의 아마겟돈을 준비하기 위해
한반도가 종교의 백화점과 종교의 박물관이
되어있는 것입니다.

지축 이동이 있기 전
대규모의 지진들이 한반도를 강타할 것입니다.
이때를 기점으로 한반도에 본격적으로
종교의 해체를 위한
하늘이 준비한
종교의 아마겟돈이 펼쳐질 것입니다.
대규모 지진을 시작으로
하늘로부터 영적인 능력을 부여받아
활동해 오면서 능력을 쓰고 있었던
모든 종교들의 지도자 그룹들과
영성인들 중 리더 그룹들에게 부여되었던
영적인 능력들이 모두 회수될 것입니다.

하늘이 준 영적인 능력으로
영적인 지도자가 되신 분들과
종교 지도자가 되신 분들과
무리들을 이끌고 있던 리더 그룹들과
세속적인 욕망을 충족시키기 위해
영적인 능력을 남용하신 분들과
하늘의 진리를 자신의 의식 수준으로
오염시킨 인자들과

하늘의 진리를 자신도 모르는 채
왜곡한 인자들에게
하늘이 부여한 모든 영적인 능력들이
모두 회수될 예정입니다.

예언을 하는 능력
치유의 능력
빛을 보는 능력
하늘의 소리를 듣는 능력들이 모두
순차적으로 회수될 예정입니다.
이때가 하늘이 준비하고 계획한
종교의 아마겟돈이 시작되는 때입니다.

목사님들의 영적인 능력이 사라질 것이며
신부님들의 영적인 능력이 사라질 것이며
스님들의 영적인 능력이 사라질 것이며
스승님의 영적인 능력이 사라질 것이며
무속인 중에서 영적인 능력이 축소되거나
사라지는 분들이 속출하게 될 것입니다.
무리를 이끌고 있는 리더 그룹들의 능력이
재난과 함께 사라지게 될 것입니다.

흥미진진한 아마겟돈을 위해
완전한 종교의 해체를 위해
새 하늘과 새 땅에 맞는
새로운 하늘의 진리를 바로 세우기 위해
하늘은 종교의 마지막 임종을 위해
또 다른 작전을 펼칠 것임을
우데카 팀장을 통해 전합니다.

그날이 오면
마지막 날에는
아이들이 부모들에게 보이지 않는 세계를
가르치게 될 것이며
자녀들은 예언을 하게 될 것이며
청년들은 미래의 모습을 보게 될 것이며
아비들은 새로운 정신문명의 날들을
꿈으로 보게 될 것이며
순수한 믿음을 가진 장로님이나 권사님들이
하늘의 소리를 듣게 되며
목사님과 대립하게 될 것입니다.

그날이 시작이 되면
미륵이 출현할 때가 되면
큰스님을 따르던 법사와 처사들 중에
스님을 따르던 보살들 중에
부처님을 만나는 이들이 급증하게 될 것이며
부처님을 통해
큰스님을 모시던 분들과
스님의 말씀을 따르던 보살님들에게
우주의 진리들이 쏟아질 것입니다.
큰스님들보다 더 아는 소리를 하는
신도들이 급증하게 될 것입니다.

그날이 오면
그때가 시작이 되면
예수님만이 진리라고 믿는 기독교 신자에게
부처님이 나타나 우주의 진리와 사랑을
전하게 될 것이며

한평생 부처님만을 믿고 있던 불교 신자에게
예수님이 나타나 우주의 진리와 사랑을
전하게 될 것입니다.

종교의 경계를 넘어
종교의 편견을 넘어
하늘의 소리를 듣고
하늘의 진리를 듣고
깨어나는 인자들이 급증하게 될 것이며
아마겟돈의 대혼란으로 빠져드는
종교인들이 속출하게 될 것입니다.

무엇이 진리인지
무엇이 가짜이고
무엇이 진짜인지
아무도 믿을 수가 없을 것입니다.
한 치 앞도 볼 수 없는 재난 속에서
두려움과 공포 속에서
기존의 모든 종교인들과 영성인들은
모든 능력을 잃어버린 채
이 사실을 감추고 그 지위와 권위를
지키기 위해 자신이 할 수 있는
수단과 방법을 가리지 않을 것입니다.
이 과정 속에서 많은 속임수와 거짓들과
위선들이 드러나기 시작할 것입니다.
절묘한 이 시절인연에 맞추어
하늘이 준비한 빛의 일꾼들인
새로운 영적인 능력자들이
모든 종교와 영성계에 급속도로 출현하게 될 것입니다.

종교들은 내부 갈등으로 사분오열되다가
결국은 심화되는 자연재해와 함께 붕괴될 것입니다.
이 과정을 통해
기존의 종교들은 힘 한 번 써보지 못하고
모두 무너져 내릴 것이며
저항하다 육신의 옷을 벗고 떠나는
종교 지도자들과 신도들이 속출할 것입니다.

하늘의 영적 능력을
사리사욕을 위해 사용했던 인자들은
피눈물 나는 고통을 겪은 후에야
하늘의 맨얼굴을 체험한 후에야
의식이 깨어나게 될 것입니다.

이것이 종교의 붕괴를 위해 준비한
하늘이 준비한 아마겟돈의 시험 문제임을
우데카 팀장이
모든 종교인들과 모든 영성인들에게 전합니다.

하늘이 역할과 임무를 위해
공짜로 부여한 영적인 능력을
이제는 그때가 되어
회수할 것임을 알려 드립니다.
하늘의 것은 모두
때가 되면
하늘로 돌아가는 것이 대우주의 법칙입니다.

종교인들과 영성인들의 건승을 빕니다.

아마겟돈의 양상 Ⅲ
인류의 운명

인류의 운명은 풍전등화(風前燈火)와 같습니다.
주위는 칠흑같은 암흑 천지인데
집안에서 촛불 하나를 밝힌 채
폭풍우가 오는 줄도 모르고
만찬을 즐기고 있는 중입니다.

십리를 가도 사람하나 구경할 수 없을 것이요
천조일손(天祖一孫)이라
'천 명의 할아버지 자손 중에
한 할아버지의 자손만이 살아남을 것이다'라는
비결서의 내용들이 사실로 펼쳐질 것입니다.
인류가 한 번도 경험하지 못한 대재난이
하늘이 한 행성의 물질문명을 종결짓기 위한
지축 이동이 다가올 것입니다.

일시적인 지진이 아닙니다.
일시적인 해일이 아닙니다.
일곱 번에 걸친 지축이동이 있을 것입니다.
지축 이동과 지축 이동 사이의 시간은
길어야 열흘을 넘지 않을 것이며
속전속결 동시다발로 빠르게
물질문명이 손 한 번 쓰지 못하고 붕괴될 것입니다.

의식이 깨어난 인자가 아니면
처음에는 아무도 믿지 않을 것입니다.

하늘과 소통되지 않는 인자들이라면
처음에는 믿지 않을 것입니다.
재난을 피해 이주하는 사람들을 비웃다가
많은 인류가 육신의 옷을 벗게 될 것입니다.

수십억의 재산을 놓고 떠나오지 못해
수백억의 재산을 놓고 떠나오지 못해
애들 학교 때문에
애들 아빠 직장 때문에
물질 세상에 걸려있는
수많은 인연과 사연들 때문에 떠나지 못해
육신의 옷을 벗는
인류들이 참 많을 것입니다.
기득권을 지키기 위해
자신의 에고를 만족하기 위해
자신의 생명을 스스로 구할 수 있는
자신만의 골든타임을 놓치는 인류들 또한
육신의 옷을 벗고 떠나게 될 것입니다.

그렇게 그렇게
육신의 옷을 벗고 떠나는
인류들의 아픔과 고통이 밀려옵니다.
안전지대를 찾아오는 과정에서도
참 많은 인자들이 목숨을 잃을 것입니다.
안전지대에 들어서지 못하고
참 많은 인자들이 목숨을 잃을 것입니다.
역장 밖에서는 생존을 위해
아비규환이 될 것이며
생지옥을 겪다가 목숨을 잃을 것입니다.

안전지대에 들어오지 못한 인류들은
역장 밖에서 최대 100일을 견디지 못하고
추위와 배고픔으로
면역 체계의 교란으로 인한 바이러스 난으로
모두 육신의 옷을 벗게 될 것입니다.
안전지대 밖에서의 인류의 생존 기간은
최대 100일을 넘기기 어려울 것입니다.

삶과 죽음의 경계를 넘고 넘어
인류들은 역장 안으로 들어오게 될 것입니다.
역장 안에서도 열악한 환경 때문에
참 많은 인자들이 죽어갈 것입니다.
인류가 잃어버린 하늘을 가슴에 품을 때까지
서로가 서로를 향해 진정한 사랑을 배우고
서로가 서로를 향한 순수한 마음을 배우고
서로가 서로를 향해 배려하는 마음으로
서로의 마음이 하나로 되어 갈 때에만
역장 안에서도 살아남을 수 있을 것입니다.

인류들의 슬픈 운명만이 남아 있을 뿐입니다.
지금 무슨 일이 일어나는지도 모른 채
지금 무슨 일이 일어나고 있는지
알려고도 하지 않은 채
믿으려고도 하지 않다가
그렇게 그렇게
운명의 시간들을 맞이하게 될 것입니다.
이 글은 하늘이 반드시 살아야 할 사람에게
주는 하늘의 증표입니다.
하늘에 인연이 있는 인자들의 건승을 빕니다.

아마겟돈의 양상 Ⅳ
척신난동의 시대가 시작되었습니다

하늘이 준비한 재난이며
하늘이 준비한 환난이며
하늘이 준비한 천재입니다.
대자연의 격변이 시작되기 전
하늘은 천둥과 번개로 말하기 전에
영적인 아마겟돈을 시작할 것입니다.

귀신들린 사람들이 속출하게 될 것이며
그 증상이 대규모로
광범위하게 나타나게 될 것이며
보이지 않는 어둠의 에너지들이
지상에 내려와 활동을 시작하였습니다.
인간의 의식을 깨우고
산 자와 죽은 자를 구분하기 위한
하늘이 준비한 영적 아마겟돈이
하늘의 대규모 작전이
아무도 모르게
아무도 모르게 시작되었습니다.

풀잎 하나에도
풀잎에 맺힌 이슬방울에도
어둠의 에너지들로 가득찰 것이며
세상은 어둠의 에너지들에 휩싸여
원인도 알 수 없으며
이유도 알 수 없으며

논리적으로 설명되지 않는
폭발적 분노와 정신분열 증상들이
속출할 것입니다.

척신난동(隻神亂動)
동학계 비결서로 알려진「춘산채지가(春山採芝歌)」에 나온 말로, 다가오는 개벽 세상에 카르마나 인생 프로그램 혹은 동기감응에 의해 들어오는 어둠의 에너지가 사람의 마음을 어지럽히며 마구 행동하는 상태의 사람들이 속출하고 혼란의 시대가 온다는 뜻

아수라(阿修羅 Asura)
고대 인도신화와 불교에서 전쟁과 투쟁을 일삼는 싸움의 상징이 되는 귀신. 엉망진창인 싸움판, 시끄럽고 파괴적인 난장판을 아수라장이라고 함

척신난동❖의 시대가 시작되었습니다.
아수라❖의 시대가 시작되었습니다.
속수무책으로 인류들은
대혼돈과 혼란 속으로 빠져들게 될 것입니다.
정의의 함정보다도 더 깊은 수렁 속으로
척신의 힘 앞에 속절없이
무너져 내릴 것입니다.

하늘이 행성의 물질문명을 종결할 때
하늘이 행성의 종교 매트릭스를 종결할 때
하늘이 행성의 물질 매트릭스를 종결할 때
영적 아마겟돈이 먼저 시작되고
대자연의 격변이 오면서
아마겟돈은 전 세계적인 상황으로
확대될 것입니다.

대우주는
사랑에 의해 운영되고 있습니다.
인류만이 대우주의 전체의식에서 벗어나
살아가고 있는 유일한 종족이며 이것은
영혼의 물질 체험을 위해 불가피한 것입니다.
지구라는 행성은 이제 너무 낡아서
리모델링을 해야 하는 시기가 왔습니다.
지구라는 행성 역시 의식이 있으며
고유한 진화경로를 밟아가고 있는 행성입니다.

행성이 물질문명을 종결짓고
새로운 정신문명으로 진화한다는 것은
행성의 축복이며
행성에 살고 있는 주민들에게도 축복입니다.
오래전 지구라는 행성에
입식되어 온 영혼들은
영혼의 물질 체험을 끝내고
이제는 자신의 고향별로 되돌아가거나
새로운 물질 체험을 할 수 있는
지구 태양계내의 행성으로 이주해야 하는
시간이 다가왔습니다.

떠나온 내 별나라로 돌아가기 위해
새로운 내 별나라로 입식되기 위해
물질 체험을 하고 있었던
행성의 연극 무대를
철거하는 작업이 아마겟돈이 갖는
우주적 의미입니다.
아마겟돈은
연극이 끝났음을 알리는 신호이며
연극 무대가 철거됨을 알리는 신호이며
배우와 관객들이 서로 작별 인사를 하는
참 아픈 세월이 시작되었음을 의미합니다.
연극이 끝났음에도
연극이 너무 재미있고 감동적이어서
조금 더 즐기고 싶은 배우들도 있을 것이며
연극이 지루하고 재미가 없거나
배역이 마음에 들지 않아 싫증을 내고 있는
배우들도 있을 것입니다.

배우들이 연극이 끝난다는 것을 알면
동요할까봐
마지막 한 장면까지
배우들이 최선을 다하게 하기 위해
배우들이 연극이 연극임을 모르게 하기 위해
하늘은 마지막 행성의 문명을 종결할 때까지
아무도 모르게
아무도 모르게
물밑에서 징조만을 보여줄 뿐
배우들이 자신의 연극을 최대한 즐기기 위한
배려를 하고 있습니다.
마지막 대사가 무사히 끝날 때까지
도중에 연극 무대가 무너져 내리는
그 순간까지도
연극에 몰입할 수 있도록
아무도 모르게
아무도 모르게
하늘은 하늘이 일하는 방식으로
물질문명을 종결지을 것입니다.

아마겟돈의 기간은 매우 짧을 것이며
누구나 알아챌 수 있는
아마겟돈의 상황이 펼쳐지면
속전속결 동시다발의 전략으로
하늘은 빠르게 물질문명을 종결지을 것입니다.
레무리아 대륙이 하루아침에 침몰했던 것처럼
눈 깜짝할 사이에
지금 무슨 일이 일어나고 있는지조차
알아채는 인자들이 소수에 불과할 것입니다.

이것이 행성의 주민들을 배려하는
하늘의 사랑이라는 것을
아마겟돈의 상황이 지나고 나면 인류들은
알게 될 것입니다.

아마겟돈의 최종 목적은 다음과 같습니다.
인류의 의식을 깨우기 위함입니다.
모든 인류의 의식을 깨우기 위한
대규모의 계몽운동이 아닙니다.
살아남을 사람만 깨워서 데려가는
하늘의 계획입니다.
지구 행성의 주민들
모두의 의식을 깨워 데려가는 것이 아닌
250만 년 전에 이루어진
하늘과 영혼들 간에 이루어진
태고의 신성한 약속이 집행되는 것입니다.

행성에 설치된 연극 무대를 철거하고
새로운 리모델링 공사를
철거와 동시에 시작하는 것입니다.
격변의 수준은
인류가 한 번도 경험하지 못한 것이며
인류가 한 번도 상상조차 해보지 못한 수준으로
진행될 것입니다.
아마겟돈의 최종 목적은
새로운 정신문명의 건설입니다.
새 하늘과 새 땅을 열기 위한
대규모의 리모델링 공사의
공사명칭은 지축 이동이며

지축의 정립입니다.
7회에 걸쳐 순차적으로 진행될 것입니다.

혼란과 혼돈을 겪지 않고
새로움을 이야기할 수 없으며
고통 없이 아픔 없이
새로운 정신문명을 열 수는 없습니다.
새로운 정신문명의 건설은
물질문명이 모두 붕괴된 뒤에
아무것도 남지 않은 폐허 속에서
새롭게 시작될 것입니다.

끈질긴 생명력으로
살아남은 인자들을 중심으로
역장 안에서 전체의식을 회복하게 되면서
새로운 정신문명은 탄생될 것입니다.
새로운 탄생을 위한 아픔을
아마겟돈으로 표현한 것입니다.

빛의 일꾼들과 인류들의 건승을 빕니다.

그렇게 될 것이며
그렇게 예정되어 있으며
그렇게 되었습니다.

진실은 불편한 것입니다

세상에는
나와 같은 생각, 같은 곳을 바라보며
진리를 추구하는 사람도 많지만
나와 다른 생각, 전혀 다른 곳을 바라보며
진리를 추구하는 사람들이 더 많이
존재할 수밖에 없는 것이 현실이며
이것이
진리의 층위가 다양하게 펼쳐질 수밖에
없는 이유입니다.

세상 사람들은 진리를 원하지 않습니다.
진리보다는 정의를 더 원하고 있으며
정의보다는 밥과 빵을 더 원하기 때문입니다.
진리와 진실을 간절히 원하는 사람도 있지만
진리와 진실이 불편한 사람이 더 많은 것이
물질의 풍요로움 속에 살고 있는
인류의 현주소입니다.

물질의 매트릭스가 펼쳐진 모든 곳에는
정의가 자리 잡고 있으며
사랑이 자리 잡고 있으며
진실과 진리가 자리 잡고 있습니다.
사회의식의 눈높이에 맞추어
모든 사상과 학문, 법과 과학(상식),
모든 정치와 종교에는

사랑의 가르침이 있고
정의의 방식이 있으며
과학의 상식이 있으며
진리가 촘촘하게 펼쳐져 있습니다.

인류는 치열한 삶을 살면서
각자의 의식 수준에서
자기의 의식의 층위에 맞는
정의를 체험하고
진리를 체험하고
과학(상식)을 체험하고
사랑을 체험하며 살아가고 있습니다.

나의 정의와 타인의 정의가 충돌하고
나의 진리와 타인의 진리가 충돌하고
나의 사랑과 타인의 사랑이 충돌하는 것이
진리의 무게이자
과학(상식)의 층위이며
정의의 다양한 층위이며
사랑이라도 다 같은 사랑이 아님을
인류는 그동안 아픈 역사적 경험들을 통해
체험하고 배우는 시기가 있었습니다.

나에게 정의인 것이
타인에게 정의가 되지 못할 때
정의 사이에 충돌이 일어나며
갈등이 발생하게 됩니다.
나에게 진리인 것이
타인에게 진리가 되지 못하고

거짓이 되고 비판의 대상이 될 때
나의 진리와 당신의 진리 사이에는
충돌이 일어나는 것입니다.

세상에는 본질이 있으며
우주에도 본질이 있으며
세상과 우주를 움직이는 보이지 않는
본질을 우리는 진리라고 합니다.
본질의 법칙이 있고
눈에 보이지 않는 진리가 있기에
눈에 보이는 현상 뒤에 본질이 있기에
눈에 펼쳐지는 다양한 현상이 있으며
현상을 설명하는 과학이 있는 것입니다.
과학적 정당성은 본질을 설명하는 다양한
방편으로 존재하는 것입니다.

지금의 시대는
물질의 시대이며
과학의 시대이며
법과 제도의 시대이며
종교의 시대입니다.
물질문명을 종결하기 전에
하늘은 하늘이 일하는 방식에 의해
판 밖에서 판을 바꾸는 진리의 혁명을
시작할 것입니다.

물질에 가려지고
과학에 밀려나고
종교에 묻혀버린

하늘의 진실과 우주의 진리들을
우데카 팀장과 소수의 빛의 일꾼들은
오염되고 왜곡된 하늘의 진리들을
그 옛날 하늘빛으로
조율을 시작할 것입니다.

기득권을 가지고 있으며
권세를 누리고 있으며
현대의 과학을
정상 과학의 범주를 전부로 알고
진리처럼 믿고 있는
대다수의 대중들과 지식인들에게
물질 매트릭스의 형성 원리들과
종교 매트릭스들의 형성 원리들과
대우주의 창조 원리와
생명의 탄생 원리와
하늘의 실체를
우데카 팀장은 펼쳐 놓았습니다.

한 번도 들어본 적도 없고
한 번도 경험한 적도 없는
새로운 지식들과
새로운 사실들과
우주의 진실들을 다양하게 펼쳐 놓았습니다.
우데카 팀장이 펼쳐 놓은
우주의 비밀들과 하늘의 진리들을
뒷받침하고 증거하는 인자들이
한반도를 중심으로 전 세계적으로
출현하게 될 것입니다.

지금은 진리를 펼치는 시대가 아닙니다.
지금은 누군가를 설득하는 시대가 아닙니다.
지금은 생존의 시대시며
생과 사가 결정되는 시기이며
격변의 시대이며
아마겟돈의 시대입니다.
물질문명의 종결을 앞두고
새 하늘과 새 땅을 열기 위해
하늘이 250만 년 동안 펼쳐 놓은
물질 매트릭스의 구조와 형성 원리들을
마치 해답지(정답지)를 펼치듯
우데카 팀장의 글에서 펼쳐 놓았습니다.

우데카 팀장의 글을 읽고
인류들은 자신의 의식 수준에서
평가하고 비판하고 비난할 것입니다.
진리가 너희를 자유케 하리라!
우주의 진리 앞에
우주의 사랑 앞에
우주의 정의 앞에
의식이 깨어나기 전에는
인류는 자신을 부정하게 될 것이며
자신의 정의의 칼로 타인들을 끊임없이
판단하고 비판할 것입니다.
자신의 신념과 믿음을 지키기 위해
정의의 방식으로
남의 인생을 함부로 부정하게 될 것이며
결국은 자신의 삶 역시 자기모순으로 인하여
스스로를 부정하게 될 것입니다.

이것이 하늘의 심판입니다.

의식이 깨어나기 전
물질에 대한 집착을 내려놓기 전
온전한 사랑의 마음을 품기 전에는
진실은 불편한 것입니다.
진리 역시 불편한 것입니다.
우데카 팀장의 글에는
이 사회를 구성하고 있는 물질 매트릭스의
바탕 그림들을 공개하였으며
하늘의 실체 또한 공개하였으며
어둠의 실체 역시 지속적으로 공개할 것입니다.
지구 차원상승 타임라인에 맞추어
물질 매트릭스를 구성하고 있는 원리들과
본질들을 지속적으로 공개할 것입니다.

진리가 너희를 자유케 하리라
진리 앞에 자유로운 인자들이 있을 것이며
진리 앞에 불편한 인자들이 있을 것이며
돌을 던지며 비난하는 인자들도 있을 것이며
2천 년 전 베드로✢처럼
내면에서는 진리인 줄 알면서도
행동하지 않는 인자들도 많을 것이며
진리를 인정하지 못하고
스스로를 부정하는 인자들도 있을 것입니다.

우데카 팀장은
의식이 깨어난 빛의 일꾼들과 함께
지축 이동 후

베드로
예수의 12제자 중 한 명. 예수가 죽기 전 최고의회에서 심문받을 때 베드로가 자신은 예수를 모른다고 세 번 부인한 사건이 있었음

한반도를 중심으로
살아남은 인류와 함께
새로운 정신문명을 열기 위한 준비 작업을
재난 준비와 함께 진행할 것입니다.

지금 지구 행성은
물질문명의 종결을 앞두고
나의 정의와 당신의 정의가 서로 충돌하는
한 치 앞도 예측할 수 없는
아마겟돈이 이미 시작되었습니다.
한국 사회는 이미
정의의 함정에 깊이 빠져
허우적대고 있는 중입니다.
자연재해와 함께
아마겟돈은 확대될 것이며
지축 이동으로 종료될 것입니다.

인류에 대한 하늘의 심판은 없습니다.
우데카 팀장이 펼쳐 놓은
해답지와 시험지를 앞에 두고
자신의 의식 수준에 맞는 판단을 내려야 하는
스스로가 해답지를 보고 스스로 채점해야 하는
시기가 도래하였습니다.
해답지를 보고
스스로 거부하고
스스로 비난하고
스스로 비판하고
스스로 심판하고
스스로 외면하는 과정이 있을 뿐입니다.

이것이 물질문명의 종결을 앞두고
하늘이
하늘이 일하는 방식으로
인류를 배려하기 위해
인류를 사랑하는 방법으로
하늘이 준비한 축복이자 선물입니다.
250만 년의 인류의 역사를 마무리하는
가혹한 시험지가 인류 앞에 놓여졌습니다.
이것이
하늘이 준비한 아마겟돈의 본질입니다.
진리가 너희를 자유케 하리라
행성의 물질문명이 종료되기 전
행성의 차원상승을 시작하기 전
만인에게 공평하게 주어지는
시험 문제가 출제되었습니다.

때가 되면
우데카 팀장과
우데카 팀장의 글은
세상에 드러날 것이며
전 세계에 퍼져 나갈 것입니다.
이때에 인류 각자의 시험이 시작되는 것입니다.
시험 문제의 난이도는 매우 어려워
평균 점수는 백점 만점에 5점 이하가 예상됩니다.
인류의 편에서 주류 언론들이 변호를 맡아
당신의 의식이 깨어남을
최선을 다해 방해할 것입니다.
그것이 그들의 역할이며
인류의 현재 의식의 수준을 대변하기 때문입니다.

우데카 팀장을 향한
인류의 모든 비판들과 판단들을
하늘은 그저 지켜볼 것입니다.

이 우주에서
잘못되는 것은 아무것도 없습니다.
당신의 지구에서 250만 년의 삶 역시
아무것도 잘못되지 않았으며
당신 스스로 당신에게 내린 판단은
이 우주에서 존중될 것입니다.
당신 스스로 내린 판단과 선택은
아무것도 잘못되지 않을 것입니다.

예정대로
하늘의 계획대로
당신의 영혼의 진화 여정상
이 우주의 어딘가에 있는
다른 행성에서 삶을 살다가
그 행성의 문명이 종결될 때마다
다른 인종 다른 모습으로 나타난
우데카 팀장을 또 만날 것이기 때문입니다.

이 우주에서 잘못되는 아무것도 없습니다.
여러분들의 건승을 빕니다.

그렇게 될 것이며
그렇게 예정되어 있으며
그렇게 되었습니다.

진리가 너희를 자유케 하리라가 갖는 의미

진리는 언제나 어디에나 존재합니다.
진리가 존재하지 않는 곳은
이 우주의 어디에도 없습니다.
대우주에 존재하는 모든 곳에는
생명이 있으며
생명은 창조주의 말씀(진리)과 사랑(빛)으로
창조되었습니다.
인류는 생명을 가진 존재로서
영이 육신의 옷을 입고
창조주께서 대우주에 펼쳐 놓으신
물질 세상을 체험하고 있습니다.
물질의 매트릭스 속에 감추어 놓은
다양한 층위의 진리와 사랑을
각자의 의식 수준에서
각자의 의식의 눈높이에서 체험하고 있는
창조주의 자녀들입니다.

모든 학문들 속에
모든 문화들 속에
모든 정치와 경제 속에
내가 이단이라고 사이비라고 말하는
모든 종교들 속에도
나와 생각이 다른
적이라 부르는 그들에게도
민주당원과 공화당원의 가슴속에도

남성과 여성의 가슴속에도
정의롭지 못하다고 비난받는 사람에게도
나쁜 사람이라고
행실이 좋지 못한 사람이라고 평가받는 사람일지라도
모두 각자의 의식 수준에서
각자의 의식의 층위에 맞는 정의가 있으며
각자의 의식의 층위에 따른 진리가 있으며
각자의 의식의 층위에 따른 사랑을 품고
있을 뿐입니다.

사랑을 품고 있지 않은 인류는 없습니다.
진리를 품고 있지 않은 인류는 없습니다.
정의를 품고 있지 않은 인류는 없습니다.

사랑을 품고 있지 않은 종교는 없습니다.
진리를 품고 있지 않은 종교는 없습니다.
정의를 품고 있지 않은 종교는 없습니다.

정의를 담고 있지 않은 정치인은 없습니다.
진리를 담고 있지 않은 정치인은 없습니다.
사랑을 품고 있지 않은 정치인은 없습니다.

모두가 자신의 의식 수준에서
정의와 진리와 사랑을 말하고 믿으며
그렇게 살아가고 있는 것입니다.
모두가 자신의 눈높이에 맞는
신을 찾아 종교 생활을 하고 있을 뿐
더 높은 신은 우주에서는 존재하지도 않으며
필요하지도 않습니다.

물질의 매트릭스 속에는
정의의 층위가 다양하게 펼쳐져 있으며
진리의 층위가 다양하게 매우 촘촘하게
숨겨져 있으며 펼쳐져 있습니다.
이것을 위해 어둠의 일꾼들은 최선을 다하고 있었으며
인류 각자는 영혼의 진화 과정상 필요한
공부 과정들을 각자의 의식 수준에서
각 영혼들의 진화 과정에 맞는
정의를 체험하며 배우고 있으며
진리를 체험하며 배우고 있으며
사랑을 체험하며 배우고 있는 중입니다.

내가 생각하는 정의와 당신이 생각하는
정의가 다르게 보이지만
내가 생각하는 진리와 당신이 생각하는
진리가 다르게 보이지만
내가 생각하는 사랑과 당신이 생각하는
사랑이 다르게 보이는 것이
어쩌면 당연한 것이 아니겠습니까?

모순이 있어야 성장할 수 있습니다.
불합리하고 부조리한 현실이 있어야
새로운 현실을 생각하고 꿈꿀 수 있지 않겠습니까?
태어나면서 불평등한 삶이 있어야
어린 영혼들이 보호받을 수 있지 않겠습니까?
탄생한 지 오래된 영혼이
우주적 신분이 높은 영혼이
땅에서는 가장 낮은 곳에서 살아가는 것이
어쩌면 당연한 것이 아닙니까?

하늘에서 높은 우주적 신분을 가진
하늘 사람들인 빛의 일꾼들이 땅에서
의식이 깨어나기 전까지는 별 볼 일 없는
평범한 이웃집 아저씨와 아줌마로 사는 것이
어쩌면 당연한 것이 아니겠습니까?

인류는 자신의 의식의 수준에서
정의를 말하고
진리를 말하고
사랑을 말하면서 살아왔습니다.
인류는 자신의 입맛에 맞는
자신의 영혼의 진화 과정에 꼭 맞는
종교 생활을 통해 다양한 신들을 배우고
체험해야 했습니다.

인류는 자신의 의식의 눈높이에 맞는
정의와 사랑을 배우고 체험하기 위해
고차원의 영들이
기억을 봉인하고 아무것도 모르는 채
육신의 모순인 먹고 살기 위해서
정치와 경제 활동을 하면서
자신의 입맛에 맞는
자신의 영혼의 진화 과정에 맞는
난이도에 따른 정의와 사랑을 배우는 과정이
지구에서의 삶이었습니다.

지구 행성은
영이 물질 체험을 하는 우주 학교로서
매우 이름 있고 악명 높은 명문고입니다.

그만큼
정의의 스펙트럼이 촘촘하게 설치되어 있으며
진리는 철저하게 감추어졌으며 오염되었고
사랑은 늘 부족한 행성이었습니다.

정의의 이름으로
참 많은 판단들이 있었으며
참 많은 갈등이 있었으며
학살이 있었으며 전쟁이 있었습니다.

진리의 이름으로
내가 믿고 있는 진리가 더 위대하다는
내가 믿고 있는 진리가 더 우월하다는
내가 믿고 있는 진리가 참진리이고
당신이 믿고 있는 진리는
수준이 떨어지는 진리이며
진리도 아니라는 판단 속에
종교의 이름으로
학문의 이름으로
사상이라는 이름으로
인류는 참 많은 아픔의 역사를 가지고 있습니다.

사랑의 이름으로
내 사랑이 당신의 사랑보다
더 높고 더 위대하다는 생각이 있었으며
내 사랑을 당신이 무시한다고
내 사랑을 받아 주지 않는다고
내 사랑이 이렇게 무시당할 수는 없다고
사랑의 본질을 잃어버린 채

사랑을 에고를 만족하는 수단으로 추락시키면서
입으로는 순수와 사랑을 말하면서
자신도 사랑하지 못해
자신조차도 사랑하지 못해
사랑을 받지 못해 쩔쩔매는
사랑의 불구자들이 되어버렸습니다.

진리가 너희를 자유케 하리라가 갖는
우주적 의미는 다음과 같습니다.

진리는
창조주께서 펼쳐 놓으신
삼라만상 모두에 편재해 있었습니다.
진리가 존재하지 않는 곳은
이 우주 어디에도 없으며
생명이 있는 모든 곳에는
대우주의 진리와 사랑이 있습니다.
인류들은 영혼의 진화를 위해
물질 체험을 통해 배우고 성장하는
영혼의 여행자들입니다.

이제 지구 행성이 물질학교로서
우주학교로서 역할을 모두 마치고
문을 닫을 예정입니다.

'진리가 너희를 자유케 하리라'의 의미는
하늘이 물질학교를 위해 숨겨 놓은
물질 매트릭스를 해체할 때에만
행성의 물질문명이 종결될 때에

그 행성에 설치해 놓은
그 행성을 운영하고 있었던 매트릭스를
철거할 때에 드러나는
하늘의 맨얼굴을 말하는 것입니다.

보이지 않았던 하늘의 실체들이
우데카 팀장의 글을 통해
필요한 것들은 모두 공개되었습니다.
귀신을 운영한 주체도 하늘이었으며
사탄(어둠의 천사)을 운영한 주체도 하늘이었습니다.
어둠의 정부를 운영한 것도
다양한 종교를 운영한 주체도 하늘이었습니다.
다양한 종교를 운영하는 것이
하늘의 임무이자 역할입니다.
영혼들의 풍부한 물질 체험을 위해
영혼의 영적인 진화를 위해
하늘이 준비한 프로그램이 있었으며
하늘이 영혼의 진화를 위해
프로그램을 운영하는 방식이
하늘이 일하는 방식이며
진리의 다양한 스펙트럼입니다.

진리가 너희를 자유케 하리라
행성에 설치된 모든 물질 매트릭스가
하늘에 의해 어떻게 준비되었으며
하늘에 의해 어떻게 운영되었으며
하늘이 왜 물질학교를 운영하고 있는지
어떻게 물질학교를 운영해왔는지
모두 공개되었습니다.

인류들은 머지않아
정의와 진리와 사랑에 대한
소모적인 논쟁들을 멈추게 될 것입니다.
새 하늘과 새 땅을 열기 위한
하늘의 뜻이 땅에서 펼쳐질 것입니다.
지축 이동을 끝내고
역장 생활을 통해
창조주께서 주관하는
아보날의 수여를 통해
살아남은 인류를 중심으로
새로운 정신문명이
한반도를 중심으로 펼쳐질 것입니다.

진리가 너희를 자유케 하리라
물질문명이 종결될 때에만
행성의 문명이 종결될 때에만 드러나는
하늘이 일하는 방식과
하늘이 어떻게 행성의 매트릭스를
운영하고 관리하고 있었는지 그 실체들이
드러나는 때를 말하는 것입니다.

진리가 너희를 자유케 하리라

진리는 곧 사랑입니다.
대우주의 사랑과
창조주의 사랑을 인류들은
대자연의 격변 속에서 체험하게 될 것입니다.

5부 빛의 일꾼들의 슬픈 운명

당신이 다른 사람보다 더 힘들고 고통스럽고 더 많은 상처를 입고
더 많은 아픔을 경험한 사람이라면 당신은 빛이 강한 사람입니다.
당신은 빛입니다. 빛은 그런 것입니다.
당신의 삶은 모순되고 힘들어 보였지만
그것이 빛의 일꾼들의 일상이며 삶 자체입니다.
빛은 그런 것이며 빛은 어둠 속에 있어야 하기 때문입니다.

우주의 카르마와 우주의 십자가

빛의 일꾼들은 250만 년 전
우주의 실험행성인 가이아 지구에서
영혼의 여행을 시작하였습니다.
창조주의 입장에서 보면
우주의 전체의식에서 해결할 수 있는
문제들도 있지만
대우주를 움직이는 보이지 않는
우주의 법칙과 법률들을 지켜야 하는
집행자의 역할 또한 존재합니다.
우주의 한 주기를 마무리 짓고
행성과 항성 그리고 은하들이
진화를 하는 과정에서 생긴
우주의 카르마를 해결하는 방법으로
네바돈 우주의 변방인
지구라는 행성이 선정되었습니다.

호모 사피엔스를 통한 실험이었으며
6번째 대우주에서 발생한 모든 카르마들을
지구 행성에 모아 놓고
가해자는 피해자의 입장을 경험하면서
피해자는 가해자의 입장을 체험하면서
우주의 카르마를 해소하기 위해
우주의 카르마들을 모두 펼쳐 놓았습니다.
이것이 250만 년 지구의
아프고 슬픈 역사가 되었습니다.

지구 역사 250만 년은
하늘과 인류가 공동 창조한 것입니다.
우주의 카르마들이 해소되는
우주의 대서사시였습니다.
이때 자신의 우주적 십자가를 지고
지구 행성에 들어온 영혼들이 있는데
이들을 빛의 일꾼이라고 합니다.
우주의 카르마를 해소하기 위해
우주의 다양한 문명과 문화들이
펼쳐질 수 있도록
물질 매트릭스를 매우 촘촘하게 설계하여
펼쳐 놓았습니다.

빛의 일꾼들은 250만 년 전에
우주의 카르마를 가지고 왔으며
우주의 십자가*를 지고
지구 행성에서
호모 사피엔스라는 육신의 옷을 입고
지구에 가해자와 피해자들로
역할을 바꿔가며 펼쳐 놓았습니다.
각자의 행성의 문제점들과
각자의 항성의 문제점들과
각각의 은하의 문제점들을
지구라는 행성에 모아 놓고
가해자는 피해자로
피해자는 가해자로서
카르마를 해소하는데
지구 역사 250만 년이 필요했습니다.

> **우주의 십자가**
> 자신의 우주적 카르마를 지고 지구 행성에 육화한 영혼이라는 상징적 표현.
> 하강하는 영혼들은 행성 또는 은하의 주관자로서 자기 행성, 자기 은하에서 6주기 동안 쌓인 모든 카르마를 해소하고 해결방안을 찾기 위해 그 카르마를 가지고 지구에 들어온 것을 뜻함

빛의 일꾼들이란
자신이 우주에서 범한 카르마들을
지구에서 다시 펼쳐 보이는 당사자들입니다.
역사상 악명 높은 인물들과
영웅이나 장군들의 삶을 살았던 인자들은
카르마를 해소하기 위해서
공녀와 기녀 위안부 등의 삶을 살면서
노비와 천민 평민의 삶을 살면서
가장 낮은 신분으로 태어나 피해자로서의 삶을
반복적으로 살아 왔습니다.
평균 35회 정도의 삶의 윤회를 통해
카르마의 균형을 이루었으며
우주의 카르마들을 해소할 수 있었습니다.

빛의 일꾼들은 우주의 카르마를 해소하기 위해
영화의 주인공이 되었으며
지배자와 가해자로서의 삶을 많이 살아왔습니다.
지구 행성의 물질문명을 종결하기 위해
마지막 순간을 살고 있는 빛의 일꾼들은
자신의 우주의 카르마와
자신이 지구 행성에 가지고 온
자신의 우주의 십자가들을 해소하기 위해
맺은 자가 풀어야 하는
결자해지(結者解之)의 우주적 원리가 적용됩니다.
빛의 일꾼들은 자신의 모든 것을 버리고
인류를 위해 사랑과 봉사와 헌신을 통해
우주적 카르마들을 해소해야 합니다.
빛의 일꾼들은
인류에게 큰 빚을 지고 있는 존재입니다.

부모는 자식에게 평생 빚쟁이가 되듯
빛의 일꾼들은 인류들에게 250만 년 동안
자신의 우주적 카르마와
자신의 우주의 십자가를 해소하기 위해
훌륭한 역할자로서, 출연한 배우로서
조연 배우의 역할을 성실하게 해준
상승하는 영혼*들인 인류에게
참 많은 빛을 지고 있는 존재들입니다.

빛의 일꾼은 인류에게 완장 값을 하라고 주어진
영광된 자리가 아닙니다.
빛의 일꾼은 자신의 우주적 카르마를
해결하기 위해 지구 행성에 온
자신의 우주적 십자가를 지고 가야 하는
고행의 자리입니다.
빛의 일꾼은 우주에서 가장 높은 신분에 있는
행성의 최고 책임자 또는 항성의 최고 책임자나
각 은하에서 핵심 역할을 하는
우주 최고의 행정 관료들입니다.
자신의 우주적 십자가를 지고 지구에 유배 온
입장이라는 것을 잊지 마시기 바랍니다.

하늘에서 높은 위치에 있는 사람일수록
가장 낮은 곳에서도 편할 줄 알아야 합니다.
빛의 일꾼들은
250만 년 지구 역사의 중심에 늘 있었으며
인간의 몸으로 많은 경험들을 하였습니다.
원소의 경험에서부터 식물들과 동물들의 체험까지
영들의 물질 체험을 모두 마칠 수 있었습니다.

> **상승하는 영혼**
> 자신의 본영이 물질계(12차원 이하)에 존재하며 비물질계로의 진화 여정을 밟고 있는 영혼.
> 지구 차원상승에 해당이 되는 노란빛 영혼들만을 부르는 의미로 축소해서 부르기도 함

이제 지구의 물질문명을 종결하는 마지막 때에
지구 문명의 종결은
원시반본의 우주적 원리에 의해
결자해지의 우주적 원리에 의해
빛의 일꾼들이 그 역할을 할 수밖에 없습니다.

지금은 자신이 빛의 일꾼인지도 모르고 있으며
250만 년 동안 지구에서의 삶이
기억이 나지 않기에
아무것도 모르고 살고 있지만
빛의 일꾼들은 때가 되면
자신의 삶의 중요 부분들을 기억하게 될 것이며
250만 년 전 창조주 앞에서
테라 프로젝트✦를 진행할 때 선서한 내용들이
각자의 타임라인에 맞추어 통보될 예정입니다.

빛의 일꾼은 아무나 하는 것이 아니며
하고 싶다고 되는 것도 아니며
하기 싫다고 거부할 수 있는 것도 아니며
250만 년 전에 약속한 사람들이
약속한 일들을 진행하는 우주의 프로그램입니다.
빛의 일꾼들은
자신의 우주적 카르마를 해소하기 위해
자신의 우주의 십자가를 지구에 풀어 놓은
아픔과 고통의 원인자였으며
우주 최고의 관리자 그룹들이며
우주 최고의 리더 그룹들이
호모 사피엔스의 옷을 입고 펼친
우주의 대서사시의 주인공들입니다.

테라 프로젝트
(Terra project)
250만 년 전 대우주의 6주기 마지막 시기에 지구 행성이 우주의 카르마를 실험하고 해소하기 위한 실험행성이자 7주기를 열기 위한 종자행성으로 선정된 프로젝트의 명칭.
지구 프로젝트, 가이아 프로젝트라고도 불림

마지막 생애에 놓여 있는
빛의 일꾼들의 삶이란 정말 별 볼 일 없거나
주목받지 못하는 삶이 대부분입니다.
250만 년 동안 지구에서
공적인 카르마를 해소하기 위해
빛의 일꾼들의 삶은
죽지 못해 사는 삶의 연속이었으며
250만 년 동안 쌓아온 자유의지의 남용으로 인한
개인의 카르마를 해소하기 위해
일반인들에 비해 매우 힘들고 어려운
삶을 살아올 수밖에 없었습니다.

사는 게 재미가 없으며
무엇을 해도 되는 일이 없었으며
하는 일마다 실패해 왔으며
겨우 숨만 쉬고 살게 해주었으며
남과 내가 다르다는 분리의식 속에서 살아 왔으며
알 수 없는 혼의식의 영향 속에서
내 안에 또 다른 내가 있다는 것을 느끼고
살아야 했습니다.
내 마음대로 내 자유의지대로 살 수 없었습니다.
빛의 일꾼들은
그렇게 그렇게
세상 속에서 상위자아들에 의해
세상 속에서 하늘에 의해
삶 속에서 훈련되고 만들어지고 있습니다.

빛의 일꾼들의 건승을 빕니다.

빛의 일꾼과 신들의 귀환

인간의 두려움을 이용하여
제도화된 종교들은
신과 하늘의 실체를
자신들의 눈높이와 입맛에 맞게
의미를 부여하였습니다.
천당과 지옥을 만들었으며
신이 옳고 그름의 방법으로
인간에게 무엇을 바라는 존재로
인간을 심판한다는 믿음들을 키워갔습니다.
신과 하늘을 인간의 눈높이에 맞추어
인격성을 부여하였습니다.
신을 두려워하고
신을 우상 숭배하는 시간들은
하늘을 잃어버린 인류의 고통의 시간이자
종교의 역사입니다.

신과 하늘은 인격적으로 존재하지 않습니다.
신과 하늘은
감정체를 가지고 존재하지도 않으며
에너지체로 존재할 뿐입니다.
하늘에서 옳고 그름은 없습니다.
땅에서의 옳고 그름은
땅에서의 가치의 기준일 뿐이며
땅에서의 옳고 그름도 시대에 따라
변하는 것이 세상의 이치입니다.

아름다움과 추함이 따로 분리되어 있지 않듯
신과 인간이 서로
분리되어 있는 것처럼 보이지만
신과 인간은 분리되어 있지 않습니다.
신과 인간은 같은 존재들입니다.

영의 관점에서 보면
인간은 물질의 옷을 입었을 뿐
육신의 옷을 벗고 나면 옷 속에 있는 영은
비물질체로 존재하는 신과 동일하기 때문입니다.
**인간이 곧 신이며
신이 곧 인간인 것입니다.**
신과 인간은
처음부터 분리되어 있지 않았으며
물질의 체험과 여행을 위해 펼쳐진
다양한 빛들의 층위를 차원이라고 하는데
차원별로 펼쳐진 빛의 속성을
누구는 에너지체로 체험하고
누구는 물질체로 체험하고 있을 뿐입니다.
신과 인간의 구분은 오직
물질 세상에서만 존재하는 것입니다.

지구 행성에서 250만 년 동안
물질 체험을 위해 입었던
호모 사피엔스를 통한
영혼의 여행이 끝나가고 있습니다.
지구 행성은
빛이 가장 강한 행성이면서 동시에
물질(어둠)의 매트릭스가 매우 강한 행성이었습니다.

어둠의 매트릭스를 설치한 것은 하늘입니다.
그 일을 땅에서 수행한 주체와
이 땅을 피로 물들게 한 주체들 역시
빛의 일꾼들이었습니다.
하늘의 진리를 왜곡시키고
하늘의 진리를 오염시키고
하늘의 진리를 땅에서 사라지게 한 이들 또한
빛의 일꾼들이었습니다.
우주의 카르마와 우주의 십자가를 지고
지구 행성을 카르마의 도가니로 만든
장본인들 또한 빛의 일꾼들입니다.

지구 행성은 젊은 영혼들을 위한
우주학교로서의 역할을
250만 년 동안 충실히 수행하였습니다.
가장 빛이 밝았던 지구 행성이
가장 어둠이 짙은 행성으로 변화하였습니다.
하늘의 뜻과 하늘의 진리들은
오염되지 않은 것이 없으며
왜곡되지 않은 것이 없으며
무엇 하나 순수한 형태로 남아 있지 못한 것이
지구 행성의 현재의 모습입니다.
하늘의 진리에서 너무나 벗어나 있으며
하늘의 진리가 사라진지 너무 오래 되었습니다.

이제는 새 하늘과 새 땅을 약속한
창조주의 신성한 약속이
땅에서 이루어지는
개벽의 시간이 다가왔습니다.

대우주의 진리들이 이제는 때가 되어
땅에서 펼쳐지고 있습니다.
물질문명의 붕괴를 앞두고 있으며
문명 종결자의 역할을 위해
빛의 일꾼들의 의식이 깨어나고 있으며
지구 행성의 교정시간(아보날의 수여)을 위해
신들의 귀환*이 시작되었습니다.

> 신(神)들의 귀환
> 물질행성 지구의 마지막 시기에 고차원의 존재들이 영적 자녀들인 상승하는 영혼들의 차원상승을 돕기 위해 육화(肉化)하는 것.
> 종교적 관념 속에 있는 완전 무결한 존재로서의 신, 또는 벌을 주고 심판하는 신으로 오는 것이 아니며, 내면의 신성(神性)의 회복, 사랑의 회복을 의미함

세상 만물들 모두는 창조주의 분신들이며
창조주의 자녀들이며
모두가 모두에게 신성한 존재라는 것을
서로 연결되어 있다는 것을 알게 될 것입니다.
지축의 변화와 같은 대자연의 격변 속에서
안전지대인 역장에서 교정시간을 거치면서
인류들의 의식은 깨어나게 될 것입니다.

지구의 250만 년 동안 오염되고 왜곡된
하늘의 진리를 바로 잡는 역할이
빛의 일꾼들의 운명입니다.
눈에 보이는 것을 세상의 전부로 알고 있으며
목사님이 알려주는 말씀이
신부님이 들려주는 말씀이
스님이 들려주는 말씀이 하늘의 진리라고
철석(鐵石)같이 믿고 있는 인류에게
대우주의 진리를 전해야 하는 역할과 임무가
빛의 일꾼에게 있습니다.
지구 대기권을 한 번도 벗어나지 못한 인류에게
우주의 진리를 전해야 하는 힘든 역할과 사명이
빛의 일꾼들에게 있습니다.

9시 뉴스가 세상의 진리라고
믿고 있는 인류에게
자신의 경험 속에 갇혀 있는 인류에게
자신이 듣고 싶은 것만 듣고
자신이 말하고 싶은 것만 말하고 있는
말이 통하지 않는 사오정들에게
의식이 깨어나지 못한 인류들에게
오염되지 않은 하늘의 진리를 전하고
인류의 의식을 깨워야 하는
슬프고도 고통스러운 운명이
빛의 일꾼들이 가야 할 가시밭길입니다.

무엇보다 더 슬픈 것은
자신이 누구인지도 모르면서
자신이 빛의 일꾼인지도 모르면서
깨어나지 못한 자신의 의식을
먼저 깨워야 하는 것이
빛의 일꾼들이 처한 슬픈 운명입니다.
자신의 의식을 깨운 만큼
자신이 하늘의 시험을 통과한 만큼
하늘로부터 그 역할과 임무가 주어질 뿐입니다.

타인을 구하기 전에
인류를 구하기 전에
먼저 빛의 일꾼인 당신의 의식이 깨어나야 합니다.
이것이 모든 빛의 일꾼들이 가진 숙명입니다.
깨어나고 있는 빛의 일꾼들과
아직 깨어나지 못한
빛의 일꾼들의 건승을 빕니다.

빛의 일꾼은 지상에서 만들어집니다

빛의 일꾼들은
하늘에서 우주선에서 뚝 떨어지지 않습니다.
빛의 일꾼들은 지상에서 만들어집니다.
겉으로는 자유의지처럼 보이지만
실제 내용에 있어서는
자신의 상위자아들의 프로그램과
하늘의 완전한 통제 속에서
지상에서 혹독한 삶의 여정을 겪으면서
참 많은 좌절과 실패를 경험하게 됩니다.
참 많은 이별의 아픔과 슬픔을 견디어 내면서
보이지 않는 하늘의 혹독한 시험과 훈련을 거치면서
지금 이 순간에도
빛의 일꾼들은 만들어지고 있습니다.

빛의 일꾼 144,000명은
행성의 최고 책임자들이며
항성계를 움직이는 중요 인물들이며
은하를 움직이는 최고 책임자들입니다.
우주적 카르마를 가진 인자들 중에
용기 있고 용맹스러운 관리자 그룹들 중에서
엄선되어 선발된 인자들입니다.
창조주께서 자신의 에너지 일부를 떼어내
144,000가지로 분화하였으며
빛 하나하나는
창조주의 고유한 빛의 진동수를 상징합니다.

빛의 일꾼들에게는
창조주의 에너지를 144,000가지의 스펙트럼으로
분화하여 주셨습니다.

빛의 일꾼들은
250만 년 전에 지구 행성에 투입된
우주 최고의 군인이며
우주 최고의 관리자 그룹이며
우주 최고의 행정가 그룹들이며
태극의 세계에서 오신 분들도 있으며
무극의 세계에서 오신 분들도 있습니다.
모든 것을 봉인한 채로 아무 기억도 하지 못한 채
지금 마지막 타임라인에
아무것도 모르는 채 살고 있다가
자신의 타임라인이 되었을 때
우연을 가장하여 자신의 우주적 신분을 알게 되고
자신의 맡은 바 임무와 역할을
충실하게 수행하게 될 것입니다.

자신의 타임라인이 되기 전까지는
일반인들과 똑같이 생활을 하며
세상을 보는 관점들을 키워가며
자연스럽게 보이지 않는 세계에 관심을 갖고
평범하게 살고 있는 것이
일반적인 빛의 일꾼들의 모습들입니다.
이들은 다양한 경험들을 겪으면서
아무것도 모르는 채로
자신의 역할과 임무에 맞는 인생의 경험들과
체험들을 하고 있는 중입니다.

자신의 역할과 임무에 맞게 최적화되고 있으며
그렇게 그렇게
아무것도 모르는 채 준비되고 있는 중입니다.

빛의 일꾼들은
자신의 최종 상위자아와의 합일이
자신의 타임라인에 맞추어 있습니다.
한 사람의 빛의 일꾼이 전체적인 그림을
다 알고 임무를 수행할 필요가 없습니다.
**빛의 일꾼들은 자신이 맡은 임무와 역할에 맞는
자신만의 퍼즐만을 맞추면 되는 것입니다.**
지구 차원상승 프로그램은 빛의 일꾼들이
인류를 향해 펼치는 하늘의 군사 작전입니다.
모든 것을 다 알 필요도 없으며
자신의 퍼즐만을 하늘과의 교감 속에서
이루어 내면 되는 것입니다.
전 세계에서 큰 그림을 위한 블록들이
만들어지고 있으며
때가 되면 큰 그림의 실체들이
인류 앞에 드러날 것입니다.

빛의 일꾼들의 삶이란
아무것도 모르는 채
자신이 누구인지도 모르는 채
자신이 빛의 일꾼인지도 모르는 채
자신의 임무와 역할을 위한 프로그램이
이번 한 생에서 준비된 것이 아닌
250만 년 전 지구 프로젝트가 시작될 때
이미 시작되었습니다.

이것이 하늘이 일하는 방식이며
실패할 수도 없으며
성공할 수밖에 없는 하늘의 계획입니다.

하늘은 결코 즉흥적으로 일하지 않습니다.
하늘은 인간의 눈높이에서 일하지 않습니다.
하늘은 인간의 에고를 만족시켜 주면서
일하지 않습니다.
하늘은 하늘이 준비한 계획대로
하늘은 하늘이 일하는 방식으로
빛의 일꾼 144,000명 한 명 한 명에 대한
빛의 일꾼 만들기 프로그램이
250만 년 전부터 가동되었다는 것입니다.
빛의 일꾼은 아무나 할 수도 없으며
빛의 일꾼은 하고 싶다고 해도 할 수 없는 이유가
여기에 있는 것입니다.

빛의 일꾼 144,000명들은
아무것도 모르는 채
하늘에 의해 세계 각지에서 준비되고 있으며
하늘에 의해 훈련되고 있습니다.
자신이 누구인지도 모르는 채
자신이 빛의 일꾼인지도 모르는 채
자신이 맡은 역할과 임무를 위해
전체 그림을 모르는 채
전선에 배치된 우주 최정예의 군인들입니다.

빛의 일꾼들은 기존 종교인들이 말하는
하늘에 대한 믿음의 크기로 결정되지 않습니다.

수행자와 수도자의 삶을 산다고 해서
빛이 일꾼들이 되지도 않습니다.
인간의 노력으로 되는 것이 아닙니다.
오직 하늘에 의해
훈련되어지고 조련되어지는 것이
빛의 일꾼들이 가진 슬픈 운명입니다.
이 훈련의 강도와 프로그램 내용은
인간이 상상할 수 있는 것이 아니며
인간이 예측할 수 있는 방식이 아니며
인간의 에고를 만족시켜 주지 않는
가장 혹독하고 참 아픈 프로그램입니다.

빛의 일꾼들은 창조주의 통치를 뒷받침하는
하늘의 군인이며 우주의 군인들입니다.
혹독한 훈련을 통해
지상에서 준비되고 만들어지는 것입니다.
빛의 일꾼들은 모든 것을 다 알 필요도 없습니다.
빛의 일꾼들은 작전에 임하는 군인들처럼
오직 하늘의 명령을 스스로 듣고
자신에게 맡겨진 임무와 역할만을
수행하면 되는 것입니다.
이것이 하늘이 일하는 방식이며
아무도 모르게 아무도 모르게 펼쳐지고 있는
하늘의 비밀 군사작전이라는 것을
우데카 팀장이
깨어나고 있는 빛의 일꾼들과
깨어나기로 예정되어 있는
빛의 일꾼들을 위해 이 글을 남깁니다.
빛의 일꾼들의 건승을 빕니다.

자신의 영적 진화를 걸고 하는 치열한 삶의 프로그램

자신이 빛의 일꾼임을 알고
삶을 살고 있는 인자들은 많지 않습니다.
빛의 일꾼들은 아무것도 모르는 채
내면의 느낌이나 끌림만을 가진 채
창조주께서 주관하시는 지구 프로젝트에
자신의 영혼의 진화 과정에 맞는
역할과 임무가 부여되어
보이지 않는 영적인 전쟁에 투입된
우주의 군인들입니다.
자신의 영혼의 진화를 상금으로 걸고 벌이는
치열한 공부의 장입니다.

되는 일 하나 없고
잘 되다가도 하루아침에 뭐에 홀린 듯
잘 나가다가 하루아침에 뭐에 얽히듯
손쓸 시간조차 없이
모든 걸 잃어버린 경험(몽땅 털린 경험)을
가지고 있는 인자들이 많을 것입니다.
물질의 풍족이 주는 행복을
잠시 느끼는 순간
어느새 몽땅 털어가기를 당해 살고 있는
빛의 일꾼들이 많이 있을 것입니다.

보이지 않는 하늘에 의해
겉으로 보면 자유의지처럼 보이지만

살아온 인생의 전체 그림을 보면
토끼몰이를 당하듯
그렇게 할 수밖에 없었으며
그런 선택을 할 수밖에 없는 상황들의
연속이었을 것입니다.
최선을 다한 삶의 결과가
당신이 처한 지금의 모습입니다.
빛의 일꾼들의
마지막 삶은
자신의 카르마의 온전한 해소와
빛의 일꾼으로서의 역할과 임무만을 고려해
삶의 프로그램이 설계되어 있기 때문입니다.

의식이 깨어나지 못한 빛의 일꾼들은
자신의 삶의 큰 그림을 보지 못하기 때문에
억울하고 분하고
죽고 싶고
되는 일 하나 없고
왜 사는지도 모르는 채 살고 있을 뿐입니다.
사는 게 재미있는 게 없으며
이곳저곳의 종교 단체를 기웃거리고
이곳저곳의 영성 단체의 단골 고객이며
상식을 가지고 있으면서도
비상식적인 삶을 살고 있으며
돈과 명예보다는 진리와 진실을 찾아보고
수행과 명상을 통해 깨달음도 추구해 보지만
되는 일 하나 없고
안 되는 일도 없는
참 답답한 삶을 살아 오셨을 것입니다.

남과는 다른데 왜 다른지도 모르고
남과 같은 삶을 살아보려고 해도
남처럼 살기도 어려우며
남과 다르게 살기도 어려운 삶이었을 것입니다.
보이지 않는 세계를 경험하거나
신비체험을 하는 인자들도 있을 것이며
평생을 눈에 보이지 않는 진리를 구하겠다고
깨달음을 얻어 세상을 구하고
인류를 이롭게 하겠다는
야심찬 꿈을 꾸고 뜬구름 같은 생각들을 하며
살아오셨을 것입니다.

빛의 일꾼들은 매트릭스에 상관없이
내면에 큰 빛들을 가지고
지구에 오신 분들입니다.
이 빛을 아무리 숨기고자 해도 숨길 수는 없습니다.
이 빛은 사랑의 빛이며 자비의 빛이며
순수의 빛이며 진리의 빛이기에
자신도 모르게 빛의 역할을 하며
살아올 수밖에 없는 것입니다.
사기를 치기보다는 사기를 당할 수밖에 없으며
남을 속이기 전에 자신을 먼저 속여야
속임수가 가능한 것인데
빛의 일꾼들은 그 속성상
이것이 어렵게 되어 있습니다.

빛의 일꾼들은 일반인들보다
영의 밝기와 크기가 10배 이상 큽니다.
그러기에 일반인에 비해 상대적으로

순수하고 성실하고 진실하며
성정이 맑고 투명합니다.
이 글을 읽는 당신이 다른 사람보다 더 힘들고
고통스럽고 더 많은 상처를 입고
더 많은 아픔을 경험한 사람이라면
당신은 빛이 강한 사람입니다.
당신의 삶에서 불합리하게 느껴졌던
삶의 모순들의 근본 이유들을
알아차리시기 바랍니다.

당신은 빛입니다.
빛은 그런 것입니다.
물질의 매트릭스가 이렇게 강한 지구 행성에
돈을 벌기 위해 살고 있는 인류에게
물질의 풍요만을 원하고 있는 인류에게
당신의 삶은 모순되고 힘들어 보였지만
그것이 빛의 일꾼들의 일상이며 삶 자체입니다.
빛은 그런 것이며
빛은 어둠 속에 있어야 하기 때문입니다.

빛의 일꾼들의 수고와 노고에
감사함을 드립니다.
이제 빛의 일꾼들의 시대가 왔습니다.
물질문명은 지축의 정립과 함께
급속하게 붕괴될 것이며
하늘이 정한 안전지대(역장) 안에서
새로운 정신문명을 열기 위해
그동안 빛의 일꾼들은 일반인들보다
더 힘들고 어렵고 거친 삶을 살아왔습니다.

빛의 일꾼들의 삶이란
진흙 속에 피어나는 연꽃처럼
힘들고 어려운 고행의 삶이였으며
비정상적인 삶이었습니다.
빛의 일꾼으로서 자신의 임무와 역할을 고려한
특수한 훈련 과정으로서
당신의 삶이 설계되었고
당신은 고단한 삶을 살아왔으며
그 목적지에서 이 글을 보고 읽고 있습니다.

빛의 생명나무 우데카 팀장은
빛의 일꾼들을 훈련하고 조련하는
임무와 역할이 있습니다.
당신은 훈련되어져야 하며
당신은 교정되어야 합니다.
빛의 일꾼들이 먼저 교정되고 훈련되어져야
인류의 안내자로서
물질문명을 종결하는 문명 종결자로서
새로운 정신문명을 여는 문명 창시자로서
역할을 수행할 수 있기 때문입니다.

우데카 팀장은
빛의 일꾼을 조련하는 훈련소장으로서
하늘에 의해 준비되고 훈련되어져 왔습니다.
악랄하고 현란하며 노련한 훈련소장으로서
빛의 일꾼들의 에고를
속전속결 동시다발로 정리할 것입니다.
빛의 일꾼들의 입소를 기다리고 있습니다.

진실의 무게

빛의 일꾼들이라 할지라도
내 마음대로 할 수 있는 것이 없습니다.
살리고 싶은 사람이 있다고
살릴 수 있는 것도 아니며
안타깝다고
꼭 살았으면 좋겠다고 생각하는 인자들이
꼭 살아남는 것도 아닙니다.
나와 악연이 있는 인자들을
구해야 되는 때도 있을 것입니다.

하늘은 친절하지 않습니다.
사전에 지진이 올 것을 알려주고
지축의 정립이 올 것을 알려주지 않습니다.
사전에 대비할 수 있도록
모든 사람들에게 그때가 시작되고 있음을
결코 친절하게 알려주지 않습니다.
이런 하늘이 일하는 방식을 지켜보며
안타까워 발을 동동 구르며 주변인들에게 말해본들
아무도 듣는 이가 없으며
아무도 귀를 기울이지 않음을 알기에
속이 타들어가는 심정으로
하늘을 원망할 수밖에 없는 것이
빛의 일꾼들의 슬픈 운명입니다.

하늘은 친절하지 않습니다.

요란하게 전쟁을 일으키지도 않으며
인류들이 깨어날 수 있고
눈치채고 알아챌 수 있을 정도의 지진이나
화산 폭발과 같은 자연재해도
일으키지 않을 것입니다.
9시 뉴스에 그때가 임박했음을 알리며
공포와 두려움을 주면서
하늘의 일을 진행하지 않습니다.
서서히 가열되고 있는 냄비 속에서
자신이 죽어 가는지도 모르고 있는
개구리의 운명처럼
인류의 운명 또한 그렇게 될 것을 알면서
지켜볼 수밖에 없는 것이
빛의 일꾼들이 견디어내야 하는
진실의 무게이자 삶의 무게인 것입니다.

그날은 아무도 모릅니다.
아무도 모르는 그날이 올 것을 알고
아무도 모르는 그날을 예측하고
아무도 모르는 그날을 그날이라 믿으며
아무도 모르는 그날을 믿으며
타인과는 다른 시간을 살아야 하며
타인과는 다른 공간을 살아야 합니다.
같은 하늘 같은 곳에 있어도
다른 하늘 다른 곳에 있는 타인처럼
의식이 깨어난 인자들은
외로움과 고독의 시간들 속에
몸서리쳐야 하는 인고의 시간들이
빛의 일꾼들이 타고난 운명인 것입니다.

깨어난 의식으로 믿고 기다려야 하는
그 고통의 크기는
경험해보지 못한 인자들은 알 수도 없으며
상상할 수도 없는 아픔입니다.
이것이 빛의 일꾼들이 갖는 슬픈 운명입니다.

하늘은 결코 친절하지 않습니다.
모든 인류를 계몽시키고
모든 인류들의 의식을 깨워서
새 하늘과 새 땅에 들어갈 계획은
처음부터 하늘에 없었습니다.
250만 년 전 영혼이 지구에 입식될 때
모든 영혼들에게 약속된 그 약속대로
한 치의 오차 없이
마치 정교한 컴퓨터 프로그램처럼
한 치의 망설임 없이
처음 계획한 처음의 약속대로
하늘은 아무도 모르게 아무도 모르게
그날을 준비하고 있는 것입니다.
육신을 가진 인간이 감정을 가진 인간이
하늘이 일하는 방식을 알고 있는
의식이 깨어난 빛의 일꾼들이 겪어야 하는
진실의 무게는
의식이 깨어난 자가 아니라면
이해할 수도 없을 것이며
그 무게를 나누어 질 수도 없기 때문입니다.

하늘은 결코 친절하지 않습니다.
모든 사람들을 깨우고 깨워서

함께 가는 것이 아니라
오만 가지 생각 중에 한 생각의 느낌을 믿으며
한줄기 빛을 찾아오는
길을 잃은 나그네의 모습으로
초라한 모습에 지쳐있는 동료들과
몸을 비비고 살을 비비면서 가야하는
끝도 시작도 없는
하늘을 향한 믿음의 길을 걸어야만 하는 것이
빛의 일꾼이 가야 하는 길입니다.

문명을 종결하기 위해 하늘이 준비한 재난입니다.
인간이 일으킨 재난과는 비교할 수 없습니다.
하늘이 오랫동안 준비하고 계획한 일입니다.
하늘이 일하는 방식으로
아무도 모르게 아무도 모르게
그날은 다가오고 있습니다.
빛의 일꾼들은 하늘이 씨를 뿌리고
하늘이 키운 곡식들을 지켜 볼 뿐입니다.
하늘이 키운 곡식들을
하늘 스스로 탈곡을 하여
햇살 좋은 곳에 알곡과 쭉정이마저
구분하여 놓았습니다.
빛의 일꾼들은
알곡과 쭉정이를 구분할 필요조차 없습니다.
의식이 깨어나는 알곡들이 있을 뿐이며
의식이 깨어나지 못하는 쭉정이들이 있을 뿐입니다.
빛의 일꾼들은 그저 하늘이 수확한 알곡을
역장이라는 안전지대에 담아 놓으면 되는 것입니다.
빛의 일꾼들에게 완장은 필요 없으며

빛의 일꾼들에게는 뜨거운 가슴보다는
가슴을 닫는 냉철한 판단이 필요한 것입니다.
이것이 빛의 일꾼들의 슬픈 운명인 것입니다.

하늘의 맨얼굴들을 보게 될 것입니다.
인류들뿐만이 아니라 빛의 일꾼들도
자기 의식의 수준에서 본 하늘과
에고의 눈높이에서 본 하늘과
하늘의 맨얼굴들을
대자연의 격변들을 지켜보게 될 것입니다.
하늘을 향한 분노의 소리가 하늘을 찌를 것입니다.
이런 하늘은 필요가 없다고
이런 하늘은 하늘이 아니라고
이런 하늘은 개나 주라고
이런 하늘이라면 나는 그냥 죽겠다고
이런 하늘을 믿은 내가 등신이라고
이런 하늘을 믿은 내 인생이 너무 억울하다고
빛의 일꾼들의 절망의 소리가
인류들의 절망소리보다 더 클 것입니다.

각자의 의식 수준에서 믿고 있는 하늘의 실체들을
빛의 일꾼들과 인류들은 온몸으로 겪게 될 것입니다.
하늘에 대한 대단한 착각 속에서
신에 대한 대단한 착각 속에 살아온
빛의 일꾼들과 인류들의 고통을 생각하며
큰 바람이 불기 전에
예방주사를 놓아주는 그 마음으로
조금은 가슴을 열고
이 글을 기록으로 남깁니다.

죽고 싶어도 죽을 수도 없어요

빛의 일꾼들의 마지막 생애의 삶은
자신의 우주적 카르마와
250만 년 동안 지구 행성에서의
윤회 과정에서 생긴 공적인 카르마와
개인의 자유의지를 남용해서 생긴
개인의 카르마를 종합적으로 판단해
빛의 매트릭스와 중간계 매트릭스와
어둠의 매트릭스로 구분하여
삶의 프로그램이 구성되어 있습니다.

빛의 일꾼들은
144,000가지의 퍼즐 중
자신의 퍼즐을 맞추기 위한
빛의 일꾼으로서의 역할과 임무를
다 마치기 전에는
죽고 싶어도 죽을 수가 없도록
삶이 프로그램되어 있습니다.
자신의 카르마를 모두 해소하기 전에도
죽을래야 죽을 수도 없도록
가혹한 프로그램들이 준비되어 있습니다.

역장 안에 들어올 수 없는 가혹한 운명의
어둠의 매트릭스를 가지고 온
빛의 일꾼들이 많이 존재합니다.
이들은 자신의 우주적 카르마와

개인의 카르마를
모두 해소하고 가야 하기 때문에
피눈물 나는 고행의 시간들이 준비되어 있습니다.
이들은 중간계와 어둠의 매트릭스를 가지고 있지만
기본적으로 고차원의 존재들입니다.
역장 밖에서 인류들과 고통을 함께 나누며
인류들의 의식을 깨워야 하는
역할과 임무가 있습니다.
그 일을 마칠 때까지는
죽을래야 죽을 수도 없으며
역장 밖에서 봉사자의 길이 준비되어 있습니다.
이 과정을 통해
자신의 카르마들이 모두 해소되어야
역장 안으로 들어올 수 있습니다.
이 과정에서 육신의 옷을 벗고
삶을 마감하는 빛의 일꾼들이 있을 것입니다.

역장에 출입할 수 없는 빛의 일꾼들은
자신의 타임라인에 따라
자신의 카르마들이 해소되는 정도에 따라
빛과 어둠의 통합의 과정에 따라
역장 출입이 결정되어질 것입니다.
멜기세덱 그룹들이나
데이날 그룹들이 이 그룹에 속합니다.
어둠의 역할만을 맡고 있는
18차원 15단계 오메가의 명령을 받고 있는
어둠의 진영의 인자들은 대부분
빛과 어둠의 통합 과정 이후에는
육신의 옷을 벗고 지구 행성을 떠나게 될 것입니다.

최고 상층부는 임무를 모두 마치고
우주선을 통해 지구를 떠나게 될 것입니다.
어둠의 진영들에서
어둠의 특수 역할을 맡은 일부 인자들 중
빛으로 전향하는 소수의 인자들이 있을 것입니다.

18차원 15단계에 명령을 받고 있으며
어둠의 특수한 역할을 맡고 있는 인자들과
어둠의 정부의 핵심 인자들은
빛의 일꾼이라고 하지 않습니다.
이들은 중간계 매트릭스나 어둠의 매트릭스를 가지고
어둠의 진영을 돕고 있는 빛의 일꾼들에 의해
내부 반란에 의해 철저하게 붕괴될 예정입니다.

어둠의 진영은
18차원 15단계 명령을 받아 활동하거나
11차원 15단계의 명령을 받아 활동하는
어둠으로 나누어져 있습니다.
이들은 각자 자신에게 주어진
어둠의 권세를 이용하여
지구 행성의 어둠(물질)의 매트릭스를 강화하고
유지하고 관리하는 역할을 맡고 있습니다.

빛과 어둠의 통합이 의미하는 바는
18차원 15단계의 어둠의 수뇌부들은
자신의 임무와 역할이 끝났음을 의미하며
지구 행성에 250만 년 동안 행사했던
모든 권세가 끝났음을 의미합니다.
이들은 대부분 육신의 옷을 벗고 떠날 것입니다.

11차원 15단계의 어둠의 명령을 받아
수행하던 어둠의 역할자들은
중간계나 어둠의 매트릭스가
하늘에 의해 지워지면서
빛의 일꾼으로서의 역할을 수행하게 될 것입니다.
역장 출입이 되지 않는 빛의 일꾼들은
하늘의 특별 관리 대상이며
참혹한 역장 밖의 생활을 견디어 낼 수 있는 몸으로
하늘에 의해 관리되며 하늘의 통제 속에 있기에
죽을래야 죽을 수도 없는
슬프고 슬픈 운명입니다.
카르마는 이렇게 무서운 것이며
맺은 자가 풀어야 하는 것입니다.
자신은 안전지대(역장)에 들어가지 못하지만
재난 앞에 모든 것을 잃고
망연자실하고 있는 인류들을 돕고
그들의 의식을 깨워 역장 안으로 들여보내야 하는
슬픈 운명을 가지고 있습니다.

나는 못 가네 너라도 가봐
나는 못 가지만 당신이라도 가셔야 합니다.
중간계나 어둠의 매트릭스를 가진
빛의 일꾼들의 슬픈 운명입니다.
빛과 어둠의 통합이 있기 전
이들의 슬픈 운명은 지속될 것입니다.
빛의 매트릭스를 가지고 온 빛의 일꾼들은
역장 안에서 자신의 임무와 역할들이
빛의 생명나무를 중심으로 주어질 것입니다.

가시밭길과 참마음

호모 사피엔스는
임맥에 감정을 조절하는
12개의 코드가 설치되어 있습니다.
독맥에는 7개의 코드가 설치되어
의식을 구현하기 위한 보조 기억 장치의 역할을
수행하고 있습니다.
하늘은 인간의 자유의지를
최대한 보장해 주지만
그 영혼이 이번 생애에 꼭 이수해야 하는
전공 필수 프로그램이 작동될 때에는
임맥의 감정선을 조절하거나
독맥의 의식을 구현하는 시스템을 조절하여
겉으로는 자유의지처럼 보이지만
실제로는 자신의 상위자아와 하늘의
보이지 않는 손에 의해
조율되고 통제되고 있습니다.

귀신이나 천사님들
어둠의 역할을 맡고 있는 천사님들까지 총동원하여
그 영혼이 꼭 진행해야 하는 삶의 프로그램은
반드시 집행되도록 관리하고 감독하는 것이
하늘의 역할입니다.
하늘에 있는 천사님들이나 상위자아 분들은
에너지체로 존재하기 때문에
육신을 가진 인간과는 많은 차이가 있습니다.

에너지체들은 프로그램에 의해 움직이므로
변수가 적습니다.
육신의 옷을 입고 있는 인류들은
욕망과 감정상태, 매트릭스 구조에 따른
의식구현의 차이 등에 따라
다양한 변수들이 존재합니다.
이 변수들을 하나하나 제거해가는 것이
상위자아 프로그램이며
하늘의 완전한 통제라고 하는 것입니다.

호모 사피엔스는 에너지적으로 매우
불안정한 모델입니다.
끊임없이 올라오는 성욕이 있으며
남의 살을 먹지 않고는 살 수 없는 모순이 있으며
재미를 추구하고 유희를 추구하는 존재입니다.
감정이라는 에너지를 가지고 살고 있는
존재입니다.
하늘이 인간의 육신의 옷을 입고
영혼의 여행을 하고 있는 영혼들을 관리하고
감독하는 역할을 보이지 않는 손을 통해
아무도 모르게
아무도 모르게
진행하고 있는 것입니다.

하늘은 영혼이 물질 체험을 하는 동안
12개의 감정선을 통해 감정 하나하나까지
모두 통제하고 관리하고 있으며
7개의 의식구현 시스템을 조절하는 장치를 통해
완전한 통제 속에서 감독하고 있는 것입니다.

여기에 귀신 선생님과 어둠의 천사님까지 동원하여
삶 속에 깊숙이 관여하고 있지만
이 실체를 알고 있는 인류는 거의 없습니다.
그만큼 하늘이 하는 일은 정교하며
아무도 모르게
아무도 모르게
내 자유의지처럼 보이지만
그 뒤에서 에너지적으로 한 치의 오차 없이
영혼마다 약속된 프로그램들이 착오 없이
진행될 수 있도록 관리하고 있습니다.

빛의 일꾼들이 가지고 있는
삶의 고단함과
삶의 슬픈 운명
또한 철저하게 세부적인 것까지
프로그램되어 진행된 것입니다.
토끼몰이와 몽땅 털어가기와 같은
고전적인 방법 역시 세밀하게 프로그램된
내용이며 그 과정에 배움이 있고
의식의 확장이 있도록 유도되고 있는 것입니다.
인간의 자유의지와 자신의 삶의 프로그램은
충돌하기도 하지만 대부분은 조율되어
자유의지처럼 보이는 경우가 대부분입니다.

모든 인간은 자기 의식수준에서
진리를 추구하고 있으며
자유를 추구하고 있으며
행복을 추구하고 있으며
자신의 정당성을 가지고 살고 있습니다.

모든 인간은 자신의 믿음과 신념 속에서
참 많은 마음들을 내어 살고 있습니다.
참 다양한 맹세와 약속들로
세상은 가득 차 있습니다.
명분이 없는 삶은 없으며
모두가 자신의 입장에서
모두가 자기 자신의 의식 수준에서
정의와 사랑이 다양하게 펼쳐지는 것입니다.

커피 한잔을 마시면서
사랑을 이야기할 수도 있으며
말로는 목숨을 걸고 충성을 맹세합니다.
자신의 이익을 위해
자신의 정치적 입장을 위해
하늘의 뜻이 자신에게 있다며
하늘을 빙자해
인류에게 참 많은 아픔의 역사들이 있었습니다.

하늘은 인간 세상에서 일어나는
모든 것을 알고 있습니다.
그것을 계획하고
프로그램을 진행한 것도
하늘이었으며
인간의 감정상의 변화와 의식의 흐름 또한
하늘은 모두 파악하고 있습니다.
모든 것을 알고 있는 하늘이
모든 것의 시작과 끝을 알고 있는 하늘이
큰 그림과 작은 그림들
모두를 알고 있는 하늘이

인류와 빛의 일꾼에게
무엇을 바라고 있다고 생각하십니까?

하늘이 자유의지를 가지고 있는 인간에게
하늘이 하늘의 군인인 빛의 일꾼들에게
하늘이 하늘 사람들인 빛의 일꾼들에게
무엇을 바라고 있다고 생각하십니까?
그것은 바로 참마음입니다.
참마음은
맹세와 다짐으로 나타날 수 없습니다.
이해관계에 얽혀 있는 상태에서 하는
인간의 맹세와 서약을 하늘은 믿지 않습니다.
복을 구하기 위해
신을 두려워하고
가족의 행복을 기원하는 수준에서의
기도와 맹세 역시 하늘은 믿지 않습니다.
위기를 모면하기 위해 하는
인간의 맹세 또한 믿지 않습니다.
자기 자신의 감정의 흐름 하나조차
통제할 수 없는 인간의 충성과 맹세를
하늘은 믿지 않습니다.
극단적인 상황에서도
극한의 상황에서도
**절체절명의 위기의 순간에서도
하늘을 믿고
인간에 대한 예의와 사랑을 품을 수 있는지**
하늘은 지켜보기 위해
빛의 일꾼들을 토끼몰이를 하듯
위기의 순간으로 몰아가고 있는 것입니다.

참마음은
인간의 에고를 넘어섰을 때
나타날 수 있기 때문입니다.
고난과 고통을 겪으면서
참마음은 자라나기 때문입니다.
한 치 앞도 보이지 않는 사면초가의 상황에서
사심이 아닌 공심을 쓸 수 있는지
하늘은 지켜보고 있을 뿐입니다.
남을 속이지 않기 위해서는
자신을 속이지 않아야 그 참마음을
지킬 수 있는 것입니다.
지독한 외로움과
지독한 고독 속에서
자신을 지켜내고 사랑한 사람만이
그러한 상황 속에 놓여 있는
인류를 향해
참마음을 품을 수 있기 때문입니다.

누가 보든 누가 보지 않든
늘 한결같은 마음으로
주인의 마음을 낼 수 있는지를 알려면
안정되고 평화로운 상태에서가 아닌
가시밭길에 내던져지고
자갈밭으로 내던져지고
고립무원의 상태에서도
순수함을 지키고
속임수나 위장이 아닌
정면 돌파를 할 수 있는 용기를 낼 수 있는
마음이 바로 참마음인 것입니다.

빛의 일꾼에게 하늘이 요구하는 것은
바로 참마음을 가지라는 것입니다.
빛의 일꾼들은
물질문명을 종결짓기 위해
이 땅에 온 하늘의 군인이자 머슴들입니다.
완장은 없으며
반장도 없으며
하늘에 대한 믿음과
인류에 대한 사랑과
인류에 대한 예의와
인류에 대한 봉사만이 있을 뿐입니다.

참마음은
낭만적 영성인이
결코 가질 수 없는 마음이며
머리로 계산하고 논리를 앞세우고
이해득실을 따지는 마음으론 갈 수 없습니다.
자신을 내세우고 인정받으려는 마음으로
결코 얻을 수 없습니다.
불평이나 불만이 가득한 마음으로는
결코 갈 수 없는 곳입니다.
하늘문은 좁습니다.
하늘의 좁은문을 열기 위해서는
참마음을 낼 수 있어야 합니다.

빛의 일꾼들에게 하늘은
가시밭길을 가라고 할 것이며
양말 한 짝을 주지 않은 채
맨발로 가라고 할 것입니다.

빛의 생명나무에
빛의 일꾼으로서 입소하는 훈련생들에게
우데카 팀장은
결코 당신의 에고를 만족시켜주며
훈련하지 않을 것입니다.
당신이 참마음을 낼 때까지
소리 지르고 악을 쓰고 욕을 하며
당신의 자존심과 에고를 향해
독설을 퍼부을 것입니다.
빛의 생명나무 우데카 팀장은
아주 악랄하고 현란하며
노련한 훈련 교관입니다.

낭만적 영성인들은
걸러지고 또 걸러질 것입니다.
가슴을 쓰지 못하고
가슴을 믿지 못하고
자신의 에고의 감옥에 빠져 허우적대는
영성인들과 종교인들과 신앙인들을 위해
준비되고 준비된
악랄하고 노련한 훈련 교관입니다.

빛의 일꾼이 가는 길은 가시밭길이며
문명을 종결하기 위해 이 땅에 온
환영받지 못하는 존재들입니다.
한 치 앞도 보이지 않는
절체절명의 위기 속에서도
낭떠러지 옆 좁은 길을
한 발 한 발 내딛고 가야 하는 길입니다.

뽐내고 완장을 차고 가는 길이 결코 아닙니다.
물질문명의 붕괴 과정에서
자식과 부모를 잃고
아내를 잃고
남편을 잃고
전 재산을 잃고
모든 것을 잃고
하늘에 분노하고
하늘에 실망하고
하늘을 원망하며 망연자실해 있는
인류들을 안내하고 돕는 궂은일을 하는
아무도 가지 않으려고 하는 가시밭길입니다.

그래도 이 길을 가시겠습니까?
이 길에는 아무런 보상도 없으며
이 길에는 아무런 선물도 없을 것입니다.
오직 인류에 대한 예의와
인류에 대한 봉사와 희생하는 마음 하나로
가야하는 참 고달프고 힘든 길입니다.
그래도 가야 한다고 믿는
빛의 일꾼들의 입소를
우데카 팀장은 기다릴 것입니다.

빛의 일꾼들의 건승을 빕니다.

인간에 대한 예의

빛의 일꾼의 삶은 유목민의 삶과 같습니다.
군중 속의 고독을 느끼면서
자신의 정체성을 잊지 못해
물질 사회가 주는
풍요로움에 푹 빠져 살지도 못하면서
눈에 보이지 않는 세계를 믿고
내가 어디서 와서 어디로 가고 있는지
알기 위해 찾기 위해
방황하고 유랑하며 살고 있습니다.
세상을 이롭게 하겠다고
어지러운 세상을 바로 잡겠다고
자신을 구하겠다고
수행을 하고 기도를 하고
수행단체나 종교계나 영성계 등을
유목민처럼 떠돌아다니는 삶을 살고 있는
빛의 일꾼들이 참 많습니다.

하늘은 하늘이 정한 길을 가는 것이며
빛의 일꾼들은 물질문명을 종결짓고
새로운 정신문명을 열기 위해
하늘과 땅의 교량 역할이 있습니다.
18차원 15단계의 지휘를 받는 어둠의 일꾼들과
14차원 15단계의 지휘를 받는 빛의 일꾼들(어둠의
매트릭스와 중간계)이 깨어나 활동을 시작하면서
한반도를 비롯한 전 세계에서

마지막 때를 상징하는
아마겟돈은 이미 시작되었습니다.
자신이 모두 하늘의 일을 한다고 믿음으로써
신비체험을 함으로써
봉인이 풀리면서
자신의 역할과 임무를 알게 되면서
누구를 만나서 무슨 일을 해야 할지를
상위자아를 통해
가브리엘 영상팀✢을 통해
통보받아 알게 될 것입니다.

자신이 거룩한 하늘의 일을 하고 있다고 믿는
어둠의 일꾼들과 빛의 일꾼들 간에
치열한 영적 전쟁이 일어날 것입니다.
이 과정이 너무나 치열할 것입니다.
자신의 목숨을 걸고 하는 권력 투쟁이며
자신의 종교적 신념을 걸고 하는 싸움이며
기득권을 놓지 않기 위해
기득권을 빼앗기 위해 벌이는
이판과 사판의 싸움이 될 것이며
나라는 혼란해질 것이며
세계는 혼돈의 연속이 될 것입니다.
이 과정에서 지식인들이 먼저 깨어나게 될 것이며
노란빛 영혼들이 깨어나게 될 것입니다.
하늘도 같은 하늘이 아니라는 것을
아무것도 모르면서 하늘의 소리를 듣고
내면의 소리를 듣고
신비 체험을 통해
신념은 의지적 행동으로 나타나게 될 것입니다.

가브리엘 영상팀
홀로그램 형상과 채널 메시지를 제작하여 보급하며 여시아문의 세계를 총 관리하는 천상정부 가브리엘 그룹 내 조직

어둠의 일꾼들과
어둠의 매트릭스를 가지고 온 빛의 일꾼들에게
우데카 팀장이 전합니다.
당신들 모두는
겉으로 보면 권력 투쟁으로 보이고
기득권을 갖기 위한 싸움으로 보이고
종교적 진리를 지키고자 하는 싸움을 하고
있는 것처럼 보이지만
그 이면에는 인류의 의식을 깨우기 위한
창조주의 계획이 있습니다.
아무것도 모르는 인류에게
물질문명이 종결되는지도 모르고
새로운 정신문명이 펼쳐지기 위한
개벽의 시대가 오고 있는 것도 모르고
물질에 갇혀 살고 있으며
눈에 보이는 것만을 믿고 있으며
9시 뉴스를 진리라고 믿고 있는 인류에게
9시 뉴스에 나오는 혼란과 갈등의 방식으로
고래등 싸움에서 인류를 의식을 깨우는
영적 전쟁인 아마겟돈이 시작되었습니다.
머지않아 수많은 자연의 격변들이
아마겟돈을 더욱더 풍요롭게 할 것입니다.
준비된 거짓선지자들 또한
자신들의 시기가 온 것을 알고
깨어나 활동을 시작하였습니다.
물질적 풍요로움만을 추구하는
인류의 의식을 깨우기 위해
하늘 사람들끼리 벌이는
치열한 영적 전쟁이라는 것을 잊지 마시기 바랍니다.

어둠의 일꾼이든 빛의 일꾼이든
모두 하늘 사람들이며 하강하는 영혼들입니다.
상승하는 영혼들을 위해
지구 행성에 살고 있는 영혼들을 위해
봉사자의 삶으로서 이곳 지구에서
자신의 능력과 기억을 봉인한 채 살고 있는
창조주의 귀한 자녀이자
대우주의 귀한 자산들입니다.

이 세상 만물들은 모두 창조주의 에너지 분화이며
창조주의 자녀들입니다.
서로 각자의 의식 수준에서
서로의 영적인 진화를 위해
빛의 배역과 어둠의 배역
중간계의 배역을 맡아 벌이고 있는
영의 물질 체험과 배움을 위한 축제의 장입니다.
어둠의 일꾼들과 빛의 일꾼들 모두에게
우데카 팀장이 전합니다.
서로가 서로에게
인간에 대한 예의를 지켜 달라고
생명에 대한 예의를 지켜 달라고
하늘에 감사하라고...

하늘이 일하는 방식을 모르는 인류가
하늘이 물질학교를 어떻게 운영하고 있는지
아무것도 모르는 인류가
하루아침에
지진이 나고 해일이 오고
산사태가 일어나고 건물과 댐들이 무너지고

지축 이동이 시작되었을 때
종교에서 말하는 마지막 때라는 것을
알아채고 눈치챘을 때
무엇을 할 수 있을지 생각해보셨습니까?
두려움과 공포는 말로 표현할 수 없을 것이며
모든 재산을 잃어버리고
가족을 잃고
생과 사도 알 수 없는 참혹한 현실 속에서
인류들은 하늘에 대한 원망과 분노 속에서
한 치 앞도 볼 수 없는 망연자실한 현실 속에서
살기 위해 몸부림칠 것입니다.

하늘은 하늘의 계획이 있고
하늘의 입장이 있습니다.
인류는 물질문명이 주는 풍요로움에 빠져 있으며
인류의 의식은 아직 지구 대기권을 벗어나지 못했으며
종교의 매트릭스 속에 갇혀 있으며
옳고 그름을 구분하는
정의의 방식에 익숙해져 있으며
눈에 보이는 것이 전부로 알고 살고 있으며
눈에 보이지 않는 세계는 아무것도 모르는
까막눈으로 살고 있습니다.

하늘과 땅의 의식의 차이는 너무 큽니다.
행성의 매트릭스를 설치하고
행성의 매트릭스를 관리하고
행성의 매트릭스를 유지하고
행성을 연극 무대의 배경으로 하고
다양한 동물들과 식물들이 이식되고

하늘에 의해 시나리오가 준비되고
배우들이 우주에서 초빙되고
조연 배우들인 천상정부가 준비되면서
행성의 역사가 시작되었습니다.
행성의 물질문명이 종결될 때에만
매트릭스가 완전히 청산될 때에만
모든 진실들이 땅에 펼쳐지는 것입니다.
이것이 '진리가 너희를 자유케 하리라'의
의미입니다.

하늘은 빠르게 지구의 물질문명을 종결짓고
새로운 정신문명을 지구 행성에 펼칠 것입니다.
하늘은 하늘의 계획대로
한 치의 오차 없이
속전속결 동시다발로
지축 이동을 시작할 것입니다.
아무것도 모르는 인류의 운명은
바람 앞의 등불처럼 위태로워 보입니다.

인간에 대한 예의
생명에 대한 예의
하늘에 대한 예의를 지켜 주십시오.
하늘은 모든 인류를 배려하며
하늘의 일을 집행할 수 만은 없습니다.
하늘은 하늘이 일하는 방식으로
우주의 법칙대로 공평무사하게
지구 행성의 물질문명을 종결지을 것입니다.
빛의 일꾼들은
하늘과 인류들을 잇는 중간자의 입장입니다.

에너지체인 하늘이 할 수 없는 일을
인간에 대한 사랑과 자비와 연민을
빛의 일꾼들은 하늘을 대신하여
아무 조건 없이
아무것도 바라는 것 없이
참마음과 순수한 마음으로
인류에게 하늘의 사랑을 전해야 하는
임무와 역할이 있습니다.

빛의 일꾼들은 하늘 사람이기에
우주에서 충분한 경험과 윤회를 거친
노련한 영혼들이며
상승하는 영혼들의 부모입니다.
우주의 부모인 빛의 일꾼들은
영적인 자녀들의 졸업식에 도우미로
지구 행성에 어둠의 일꾼과
빛의 일꾼이라는 이름으로 와 있습니다.

재난의 과정 중에
지축 이동이라는 엄청난 재난 앞에
빛의 일꾼들은 하늘을 대신하여
아무것도 모르는 인류들을 안내하고
의식을 깨우는 역할이 있습니다.
그러한 마음을 품게 하기 위해
조건 없는 사랑을 품게 하기 위해
빛의 일꾼들의
삶은 고달프고 힘들었으며
하늘에 의해 상위자아에 의해
훈련되고 준비되어졌습니다.

빛의 일꾼들은 지상에서 만들어지고 있었으며
준비되어져야 합니다.

빛의 일꾼들은
인간에 대한 예의를 갖추어야 합니다.
생명에 대한 예의를 갖추어야 합니다.
하늘의 아픔을 알고 이해하며
하늘에 대한 예의 또한 갖추어야 합니다.
빛의 일꾼들은
완장을 차고 명령을 내리고
또 다른 권력을 휘두르는
하늘의 대리자가 아닙니다.
인간에 대한 깊은 사랑과 자비와 연민의
에너지를 품은 채
아무것도 모르는 인류와
모든 것을 잃고 망연자실해 있는 인류에게
물질문명이 붕괴되고 남은 폐허 속에서
살아남은 인류들과 함께
새로운 정신문명을 열어가야 할
책임과 역할이 있습니다.
한 고비 한 과정마다
어렵고 아프고 힘들고 서러운 과정마다
인간에 대한 존중과 예의를 갖추면서
생명에 대한 존중과 예의를 표하면서
어렵게 어렵게 한 걸음씩 앞으로 나아가야 하는
고난의 길입니다.

어둠의 일꾼들과 빛의 일꾼들의 건승을 빕니다.

빛의 일꾼과 차원의 벽

빛의 일꾼들은
13차원 이상인 태극과 무극의 세계에서
하강하여 온 영혼들입니다.
우주에서 고도로 진화된 존재들이며
대우주의 역사와 함께해온
우주의 자산이며
우주의 보물들이며
대우주를 운영하고 있는 주체들입니다.

빛의 일꾼들은
상승하는 영혼들에 비해
영의 밝기나 크기가 10배 이상 크며
영혼의 나이 또한 비교할 수 없을 만큼
오래된 영혼들입니다.
물질 체험을 통한 경험이 풍부한 영혼들이며
창조주께서 펼쳐 놓으신
다양한 물질세계를
자신의 영혼의 진화 프로그램에 의해
공부하고 이수하고 체험한
우주에서 아주 오래된 영혼들입니다.

지구 행성의 차원상승 프로그램이
대우주에 공개되어 희망자를 모집할 때
지구 행성에서 이루어지는 실험들을
모두 인지한 채로

지구에 살고 있는
인류들과 동등한 조건에서 살면서
대우주의 시스템 속에 존재하는
차원마다 설치해 놓은 장벽들을 극복해 나가면서
차원의 문을 열어 가면서
빛의 일꾼의 임무와 역할을 온전하게
수행해 나갈 것을 서약하고
250만 년 전에 지구 행성에 온 것입니다.

대우주는 18차원으로 되어 있습니다.
무극의 세계인 16차원과 17차원과 18차원은
각 차원마다 1단계에서부터 18단계로
세분화되어 있습니다.
각 차원에서 한 단계 이상 진화하려면
지구 시간 개념으로는
상상도 할 수 없는 시간이 소요되며
1차원 진화하려면 그 시간은
상상할 수도 없는 것입니다.

태극의 세계인 13차원과 14차원, 15차원은
각각 15단계로 세분되어 있습니다.
우주는 차원들 간의 고유한 권한이 있으며
각 차원에 주어진 고유한 권한은
창조주라 할지라도 함부로 할 수 없으며
위에 있는 차원에서 아래에 있는 차원에
군인이 명령하듯
아랫사람에게 부탁하듯
일들이 처리되는 것이 아닙니다.

대우주는 1차원에서 18차원까지
각각의 고유한 업무와 권한이 있으며
이것은 대우주의 법칙이며
누구도 함부로 할 수 없는 고유성입니다.
**차원들 간의 고유성은
차원들 간의 장벽이며
차원들 사이의 특수한 영역입니다.
대우주는 파워 게임입니다.**
자신이 존재하는 차원의
고유 업무 영역을 벗어나는 일들은
발생할 수 없는 일입니다.
모든 영혼들은
자신의 최종 상위자아의 신분 내에서
자신의 상위자아의 프로그램 내에서만
임무와 역할들이 주어질 뿐입니다.
이것이 대우주가 순행하는 원리이며
차원 간에 존재하는 차원의 벽이자 문입니다.

에너지체로 존재하는 영들이라 할지라도
인가되거나 허락되지 않는 영들은
차원 간 방문이 엄격히 통제되고 있습니다.
17차원의 지역우주 창조주들이
16차원의 대영들이
자신의 아바타를 물질 체험을 위해
3차원에 내보낼 때에도
우주에서 아무리 높은 신분일지라도
각 차원별 관리자의 통제를 받게 되며
어떠한 명령체계 라인을 가동할 수 없으며
각 차원별로 분포되어 있는 상위자아들이

차원에 존재하는 관리자들과의
업무 협조 관계를 통해서만
자신의 아바타에게 영향을 줄 수 있습니다.

고차원의 영들이 3차원의 물질 체험을 하는
자신의 아바타에게
아바타의 상위자아를 통하여
아무 때나 영향을 줄 수 있는 것도 아니며
오직 그 아바타가 물질 체험을 하기 위해
삶의 프로그램을 설계한
목적과 내용에 맞을 때에만
각 차원의 관리자 그룹의 업무 협조 아래에서만
관여할 수 있을 뿐입니다.

상위자아들의 역할은 매우 제한적이며
아바타의 삶의 프로그램 내에서만
영향을 줄 수 있으며
모든 것은 각 차원의 고유 업무에 속하기 때문에
그 누구도 관여하거나 비판할 수 없습니다.
대우주의 창조주라 할지라도
스스로 정한 법을 어길 수는 없으며
그 모든 것을 감안하여
모든 변수를 고려하여
삶의 프로그램들이 거시적인 부분과
삶의 미시적인 것들까지도 프로그램되어
한 영혼의 한 생이 결정되어지는 것입니다.
한번 결정된 프로그램은
반드시 시행되어야 하는 것이
대우주의 법칙인 것입니다.

한 영혼의 한 생의 프로그램은
큰 틀에서는 결정되어 삶이 시작됩니다.
3차원의 변수들을 고려하여
육체와 관련된 변수들은
7년마다 세부 프로그램 조정이 가능하며
아바타의 프로그램은 난이도와
프로그램 이수율을 고려하여
5년마다 세부 조정이 가능하도록 되어 있습니다.

보이는 세계에서 펼쳐지는 모든 것은
보이지 않는 세계에서의 계획과
프로그램들의 승인이 있기에
땅에서 펼쳐지는 것입니다.
모든 것은
계획 속에
프로그램 속에 있으며
대우주를 움직이는 거대한 시스템 속에서
차원 간의 벽과
차원 간의 문을 열어 가며
하늘의 완전한 통제 속에서 펼쳐지는 것입니다.

빛의 일꾼들 또한
대우주의 법칙 속에서
대우주의 차원들 간의 장벽 속에서
대우주의 법칙을 준수하며
자유의지를 축소당한 채
온갖 봉인들을 한 채로
대우주의 차원 간의 문들을 하나하나
열어가야 하는 고달프고 힘든 길입니다.

빛의 일꾼들에게
어떠한 특권도 없으며
상승하는 영혼들보다 더 가혹한 조건 속에서
장애물 경기를 하듯
차원의 벽을 극복해 가며
차원의 문을 하나하나 열어 가며
빛의 일꾼의 역할과 임무를 수행해야 하는
슬픈 운명입니다.

빛의 일꾼들에게
물질 여행을 하는 영혼들에게
차원의 벽과
차원의 문은 정말로 가혹한 것이며
이것을 감옥행성 또는
감옥이라 표현했던 것입니다.
물질 여행과 물질 체험을 하는 영혼들에게
육신의 옷을 입는 순간
대우주의 차원의 벽과
차원의 문은
감옥으로 인식되어지는 것입니다.

깨닫고 싶다고 깨달을 수 없으며
알고 싶다고 다 알 수 있는 것도 아니며
죽고 싶다고 죽을 수 있는 것도 아니며
내 마음대로 살고 싶다고
내 마음대로 사는 것도 아니며
아무것도 모르는 채
모든 능력을 봉인한 채
아무것도 기억하지 못한 채

이번 삶의 프로그램의 목적과 내용에 따라
차원의 벽에 갇히고
행성의 중력에 갇히고
행성의 시간에 갇히고
행성의 집단무의식에 갇히고
행성의 의식의 패러다임에 갇히고
행성의 차원에 갇힌 채
유일한 출구이자 탈출로인
차원의 문을 열어야 하는 것이
모든 영혼들의 슬픈 운명이자
빛의 일꾼들의 슬픈 운명입니다.

감옥 행성에서
차원의 벽에 갇혀 신음하는 인류에게
차원의 문을 자신의 상위자아와 함께
여시기 바랍니다.
인류들과 빛의 일꾼들의 건승을 빕니다.

그렇게 될 것이며
그렇게 예정되어 있으며
그렇게 되었습니다.

지구 대재난과 의통醫統의 시대

2017년 3월 10일 초판 1쇄 펴냄
2018년 1월 5일 초판 2쇄 펴냄
2023년 4월 20일 초판 3쇄 펴냄

지은이 | 우데카
펴낸이 | 가이아

펴낸곳 | 빛의 생명나무
등 록 | 2015년 8월 11일 제 2015-000028호
주 소 | 충북 청주시 청원구 직지대로 855 2층
전 화 | 043-223-7321
팩 스 | 043-223-7771

저작권자ⓒ 우데카, 2017
이 책은 저작권법에 의해 보호를 받는 저작물이므로
저자와 출판사의 허락 없이 인용하거나 발췌하는 것을 금합니다.

ISBN 979-11-956656-7-9 03200

• 잘못된 책은 바꾸어 드립니다.   • 책값은 뒤표지에 있습니다.